사회과 교육과
공민교육

한 · 미 · 일 공민교육의 역사적 기원

사회과 교육과 공민교육

차조일 지음

한국학술정보㈜

사랑하는 나의 가족들에게!

들어가는 글

한국의 사회과 교육은 기본적으로 지리·역사·일사·윤리의 네 영역으로 구분된다. 물론 교육과정의 개정과정에서 윤리나 역사 영역이 독립 교과의 형태를 취하는 경우도 있었지만 사회과라는 교과의 본래 모습에는 이들 네 영역이 모두 포함되어 있었다. 이들 네 영역 중 정체성에 있어 가장 큰 혼란을 겪고 있는 영역은 '일사'이다. 사회과의 여러 영역 중 명칭과 내용이 일치하지 않는 유일한 영역이 '일사'이기 때문이다.

'일사'라는 영역의 명칭은 '일반사회'의 줄임말로 학교 현장에서 널리 사용되고 있는 용어이다. 그러나 일사 영역의 혼란이 줄임말의 사용으로 인한 것은 아니다. 일사를 일반사회라는 본래의 용어로 바꾸어 사용하더라도 이해가 어려운 것은 마찬가지이다. 이는 'general'을 번역한 '일반'이라는 용어가 특정 내용을 의미하는 것이 아니라 사회과 교육에 있어 보편적이고 필수적인 성격을 강조하기 때문이다. 즉, 일반사회라는 용어 자체는 영역의 교육 내용을 표현하는 것이 아니라 사회과에서 영역이 가지는 위상을 나타내고 있는 것일 뿐이다. 따라서 일사라는 명칭에 대한 이해만으로 일사 영역의 정체성을 파악하는 것은 불가능하다.

그렇다면 일반사회 영역에서 다루어지는 내용 요소들을 통해 일사 영역의 정체성을 파악할 수 있을까? 현재의 교육과정을 보면 정치·경제·사회문화·법 등의 사회과학 및 법학의 주요 내용들이 중심이 되어 있다. 그러나 이를 근거로 일반사회 영역의 뿌리를 사회과학에서 찾는 것 또한 적절하지 않다. 왜냐하면 현재 일사의 내용 체계는 학문 중심 교육과정의 영향으로 나타난 변화를 반영한 것이기 때문이다.

이러한 이유에서 일사 영역의 정체성을 파악하기 위해서는 일사라는 용어를 사용하기 이전 그리고 학문 중심 교육과정의 영향을 받기 이전의 일반사회 영역에 대한 이해가 필요하다. 미군정기 도입된 한국 사회과는 역사, 지리, 공민의 세 영역으로 구성되어 있었고, 일사라는 영역은 별도로 존재하지 않았다. 역사, 지리, 공민의 세 영역 중 일사의 원형(prototype)이 바로 '공민(civics)'이었다. 따라서 한국 사회과에서 일사 영역이 가졌던 본래적 의미를 이해하기 위해서는 공민교육에 대한 이해가 필요하다.

원래 공민은 현재 시민으로 번역되고 있는 Citizen의 번역어이며 공민교육은 Civic Education, Citizenship Education 또는 학교 교과목인 Civics 등을 의미한다. 공민(citizen)이라는 개념 자체가 근대 민주주의의 성장과 더불어 등장한 것이기 때문에 공민교육은 역사 등과 같은 전통적 교과와는 달리 근대적인 성격을 가진 교과이며 이와 같은 공민교육의 특징은 공민교육의 성립 과정에 대한 역사적 접근을 통해 파악할 수 있다. 따라서 사회과 일반사회 영역의 정체성을 파악하기 위해서는 공민교육의 성립과정에 대한 역사적 이해가 필요한 것이다.

그러나 공민교육의 성립과정에 대한 연구는 그동안 활발하게 이루어지지 못했다. 여러 가지 이유가 있겠지만 관련 연구를 가로막았던 가장 큰 장애물은 1차 자료의 부재였다. 공민교육의 성립과정에 대한 사적 접근을 위해 필수적으로 검토되어야 할 초기 공민교육 및 사회과 관련 문헌이나 교과서 등에 대한 접근의 어려움 등으로 인해 관련 연구가 제대로 진행되지 못하였고 사회과의 성립 또는 일사 영역의 유래, 공민 영역의 유래 등은 신화처럼 비밀스러운 추측의 대상이 되어 왔다. 사회과 개론서들에서도 사회과의 등장배경이나 구체적인 성립과정에 대한 심층적인 분석보다는 1916년 미국의 NEA 사회과 위원회에서 사회과를 만들었다거나 1946년 미군정에 의해 한국에 사회과가 이식되었다는 등과 같이 결과에 대한 간략한 기술만이 있었을 뿐이다.

그러나 최근 들어 고문헌을 디지털화하여 데이터베이스로 구축하는 작업들이 진행되면서 한·미·일의 공민교육 성립 과정에 대한 다양한 1차 자료들을 연구 및 분석 대상으로 활용할 수 있게 되면서 사회과 교육, 그중에서도 공민교육의 역사적 기원 및 한국 공민교육의 성립에 미국과 일본의 공민교육이 미친 영향에 대한 연구가 가능하게 되었다.

본 연구에서는 이와 같은 1차 자료들에 대한 분석을 통해 한·미·일 초기 공민교육의 역사적 기원에 대해 살펴보고자 한다. 1차 자료들에 대한 분석을 통해 공민교육의 성립과정에 대한 이해뿐만 아니라 미국의 공민교육이 일본과 조선에 미친 영향, 나아가 초기 한국 사회과에 미친 영향을 입체적으로 파악할 수 있기 때문이다. 미국이나 일본의 공민교육이 어떠한 역사적 과정에서 성립되었는지, 그리고 이러한 논의들이 어떠한 과정을 통해 초기 한국 사회과 공민 영역의 성립에 영향을 주었는지를 살펴봄으로써 혼란에 빠져 있는 한국 사회과 일반사회 영역의 정체성을 재확인하는 계기로 삼고자 한다.

참고로 본 연구는 네 편의 연구논문과 한 편의 보충자료로 구성되어 있다. 네 편의 연구논문은 별도로 학술지에 실린 적이 없는 논문들이며, 보충자료는 던(Arthur Dunn)의 공동체 공민(community civics)에 대한 이해를 증진시키기 위해 관련 자료들을 인용하여 재구성한 것이다.

차조일

CONTENTS

들어가는 글 / 6

CHAPTER 01

미국 공민교육의 성립과 발전
-New Civics의 성립을 중심으로-

Ⅰ. 서론 / 15
Ⅱ. 구공민과 공민교육 / 18
Ⅲ. 신공민의 등장 배경 / 27
Ⅳ. 신공민의 등장과 공민교육의 발전 / 35
Ⅴ. 결론 / 44

CHAPTER 02

일본 공민교육의 성립과 발전
-'공민과'를 중심으로-

Ⅰ. 서론 / 49
Ⅱ. 공민과 성립 이전의 일본 공민교육 / 52
Ⅲ. 일본 공민과의 성립 배경 / 61
Ⅳ. 일본 공민과의 성립과 정착 / 68
Ⅴ. 결론 / 76

CHAPTER 03

일제하 조선의 공민교육
-'공민과'의 도입을 중심으로-

Ⅰ. 서론 / 83
Ⅱ. 식민지 교육과 조선교육령 / 85
Ⅲ. 공민과 성립 이전의 공민교육 / 89
Ⅳ. 공민과의 성립과 공민교육의 정착 / 102
Ⅴ. 결론 / 110

CHAPTER 04

사회과의 도입과 공민교육

Ⅰ. 서론 / 115
Ⅱ. 사회과의 도입과 교수요목 / 117
Ⅲ. 중등 사회과 공민 영역의 교수요목 분석 / 132
Ⅳ. 중등 사회과 공민 영역 교과서 분석 / 140
Ⅴ. 결론 / 149

맺음말 / 153
〈덧붙이는 글〉 던(Dunn)과 공동체 공민 / 157

미국 공민교육의 성립과 발전

-New Civics의 성립을 중심으로-

I. 서론

우리나라의 사회과 교육에 있어 '일사' 영역은 역사·지리와는 달리 명칭만으로는 어떤 내용을 왜 가르치는지 알 수 없는 영역이다. 사회과 도입 초기 '공민(과)'으로 불리던 것이 일반사회라는 명칭으로 바뀌었고, 이후 일사라는 줄임말로 사용되었기 때문이다. 그 결과 '일사'가 공민에서 유래했다는 사실은 잊혀진 채 일사 영역은 무엇을 위해 만들어졌는지도 모호한 영역이 되어 버렸다. 따라서 우리나라 사회과 교육에서 일반사회 영역이 차지하는 위상을 제대로 이해하기 위해서는 '공민과'에 대한 이해가 필요하다.

우리나라 사회과의 일사 영역에 직접적인 영향을 준 공민교육은 미국의 공민교육이다. 미군정기 사회과의 도입과정에서 공민 영역이 역사나 지리 영역과 함께 중등(학교) 사회과의 핵심 영역을 차지하였기 때문이다. 그런데 우리나라에 도입된 미국 공민교육은 19세기 미국 사회에서 진행된 초기 공민교육이 아니라 20세기 초반 사회변화 및 교육사상의 변화에 따라 새롭게 등장한 공민교육이기 때문에 미군정기 우리나라에 도입된 공민교육에 대한 이해를 위해서는 미국 공민교육에서 '신공민과'가 형성되고 발전되는 과정에 대한 이해가 필요하다.

일반적으로 공민교육(civics)은 정치 교육과 밀접한 관련을 가지고 있다고 여겨져 왔다. 라틴어의 Civis와 Cititas에서 유래를 찾을 수 있는 '시민'이나 '시민성'과는 달리 Civics는 사전적인 의미로는 시민의 권리와 책임 또는 (시민에 의해 운영되는) 정부의 역할과 기능에 대해 다루는 학문 또는 교과목으로 정의되고 있기 때문이다. 그러나 이와 같은 공민교육의 개념은 19세기의 초기 공민교육에 바탕을 둔 것으로 우리나라에 도입된 공민교육과는 다른 성격을 가지고 있다.

미국 사회에서 공민과(civic)라는 용어가 최초로 등장한 것은 1885년 미국공민교육협회(the American Institute of Civics)에서 이 용어를 사용하면서부터이지만 19세기 초반부터 정치학(Politics), 정치철학(Political Philosophy), 헌법(Constitution), 통치의 과학(science of government), 시민정부(civil government) 등과 같이 '정부의 구조' 및 '시민의 권리와 의무'에 대해 가르치는 학교 교과목들이 존재하였다. 이처럼 19세기 미국 사회에서 등장한 초기의 공민교육(old civics, 이하 '구공민')은 20세기 초반의 이행기를 거쳐 1920년대 이후 새로운 공민교육(new civics, 이하 '신공민')으로 변화하였다(Stout, 1921, p. 181; Tryon, 1935, pp. 263-264, Hill, 1923; Tryon, 1935; APSA, 1916).

본 연구에서는 19세기 후반부터 20세기 초반 사이에 미국 공민교육에서 나타난 변화과정에 대해 살펴보는 것을 통해 미국 공민교육의 성립과 발전 과정에 대해 살펴보고자 한다. 이를 통해 사회과 교육에서 공민교육이라는 목표가 어떤 방식으로 변화 및 발전해왔는지를 보여 주는 사례이기도 하며 해방 이후 도입된 한국 사회과에서 공민 영역, 현재의 일사 영역이 가지는 의미를 이해하는 토대를 제공할 것이다.

이에 따라 본 연구에서는 다음과 같은 연구 문제를 설정하고자 한다.

첫째, 19세기 미국 사회에 등장한 초기 공민교육의 특징(시민, 시민성, 내용 및 방법)은 어떠한가?

둘째, 20세기 초반 새로운 공민교육이 등장하게 된 사회적 · 사상적 배경은 무엇인가?

셋째, 20세기 등장한 새로운 공민교육의 특징(시민, 시민성, 내용 및 방법)은 무엇인가?

이러한 연구 문제를 다루기 위해 본 연구에서는 19세기 후반 및 20세기 초반에 걸쳐 발간된 공민교육 관련 1차 자료들을 분석대상으로 삼았다. 그동안 이 시기 미국의 공민교육 관련 자료들은 국내에서 접하기 어려운 관계로 자료 수집에 어려움이 있었으나 최근 들어 디지털화된 데이터베이스들이 구축되면서 관련 자료들에 대한 분석이 용이해졌다.

보다 구체적으로 본 연구에서는 먼저 구공민 관련 이론가(학자)들의 저서 및 관련 교과서 등과 같은 1차 자료에 대한 분석을 통해 초기의 공민교육 이론가들이 지향했던 공민교육의 특징에 대해 구체적으로 살펴보고자 한다.

다음으로 신공민의 등장 배경이 되는 미국 사회의 사회적 · 사상적 변화를 살펴보기 위해 미국의 사회 · 경제사와 사회 사상사 관련 자료 및 듀이(John Dewey)의 초기 저작들을 분석 대상으로 한다.

마지막으로 1930년대 발간된 AHA 사회과 총서 및 사회과 관련 잡지 『Social Studies』에서 나타나고 있는 공민교육 관련 자료에 대한 분석을 통해 신공민의 등장 및 발전 과정을 살펴본 후, 신공민의 성립 과정에 결정적인 역할을 한 던의 저작 및 신공민 관련 교과서에 대한 분석을 통해 신공민의 특징에 대해 살펴보고자 한다.

Ⅱ. 구공민과 공민교육

1. 구공민의 등장과 발전

초기 공민 관련 교과목의 개설과 관련된 기록들에 따르면 최초의 공민교육은 1828년 보스턴의 한 고등학교에서 미국 헌법에 대해 공부하는 과목을 개설한 것에서 찾을 수 있다고 한다. 이후 비슷한 형태의 과정들이 여러 지역의 학교들에서 다양한 모습으로 등장하였다. 그러나 19세기 초반 구공민 관련 과목들이 등장과 동시에 전국적 규모에서 필수과목으로 지위를 얻게 된 것은 아니었다. 남북전쟁 이전까지는 공민 관련 과목의 확산은 미미했으며 범위 또한 한정되어 초등학교에서는 찾아보기 힘들었다(Hill, 1923, p. 223).

공민교육이 빠른 속도로 확산되기 시작한 것은 남북전쟁의 종전 이후이다. 남북전쟁 동안에는 공민교육에 대한 관심을 찾아보기 힘들었지만 전쟁이 끝난 이후 연방헌법 및 연방정부에 대한 교육을 해야 한다는 열정들이 나타났다. 이 외에도 산업화가 진행되면서 나타난

생활수준의 향상에 따라 3R(reading, writing, arithmetic)을 넘어선 다양한 교육과정에 대한 요구가 나타났으며, 사회과학의 발달이 미진하여 사회과학에 바탕을 둔 새로운 교과목이 등장하기 어려웠던 점 등이 공민교육의 확산 배경으로 제시되었다(Tryon, 1935, p. 243; Judd 1918, pp. 513-514).

실제로 <표 1-1>을 통해 남북전쟁이 종전 이후 구공민 관련 과목들이 학교 현장에서 확산되어 가는 과정을 확인할 수 있다. 1860년에서 1865년 사이에는 조사 대상 20개 학교에서 개설된 공민 관련 과목들은 11과목에 불과했지만 10년이 지난 1871년에는 20개의 공민 관련 과목들을 개설하였다. 이러한 추세는 이후에도 유지된다. 이를 통해 19세기 초 등장한 구공민이 남북전쟁 이후 연방헌법과 연방정부에 대한 관심이 증대되면서 학교 현장에서 확산되었음을 확인할 수 있다(Tryon, 1935, p. 261).

<표 1-1> 공민관련 과목 개설현황

과목명	기간	1860 ~ 1865	1865 ~ 1870	1871 ~ 1875	1876 ~ 1880	1881 ~ 1885	1886 ~ 1890	1891 ~ 1895	1896 ~ 1900
	학교 수	20	20	20	25	25	30	40	40
Science of government		3	2	3	3	2	1		
United States Constitution		8	4	5	4	4	6		2
Civil Government Political Science			8	7	8	15	23	25	24
Political Science			1	1			11		
State Constitution				1			2		1
Parliamentary Rules					1				
Civics							1	7	10

United States and State Constitutions						1	
United States Civil Government						1	
States Civil Government						1	
American Politics							1

2. 구공민의 특징

19세기 등장한 초기 공민교육으로서 구공민의 특징은 목표와 내용 그리고 방법 측면에서 살펴볼 수 있다. 목표 측면에서는 구공민이 상정한 시민의 범위와 시민성, 내용에서는 주된 내용 요소 및 내용 구성 방식, 마지막으로 방법에서는 주로 사용된 교수학습방법에 대해 살펴보고자 한다.

1) 구공민의 목표

미국 독립 혁명기 시민상은 전통적 공화주의에 바탕을 두고 공익을 추구하는 존재로서의 시민이었다. 그러나 독립을 성취한 후 13개의 주(州)들이 모여 결성한 연합체 형태의 연맹규약[1] 체제하에서 나타난 사회적 혼란은 공익을 추구하는 시민의 모습에 대해 의문을 가지게 하였다. 각각의 주들은 국제관계나 화폐 발행 등 다양한 문제에서 자신들의 이해관계를 우선시하였으며, 일반 민중들 또한 자신들에게도 '권리를 주장할 권리'가 있다는 인식을 통해 자신의 권리와 이익만을 추구하는 모습들을 보여 주었다(박은진, 2003, p. 6).

---

1) 연맹 규약(Articles of Confederation)은 1871년 북부 13주가 제정한 미국 최초의 성문 헌법이다.

연맹규약 체제하에서 혼돈을 경험한 당시 미국의 정치 지도자들은 연맹규약을 대체할 새로운 정치제도로 연방헌법을 구상하였다. 연방헌법에서는 일반 시민의 참여가 강조되는 정치제도가 아닌 소수의 선출된 사람들에 의해 운영되는 대의제 정치제도를 제시하고 있었다. 초기 미국의 정치 지도자들은 대의제 정치제도를 구상하는 데 있어서 공적인 덕목과 공공의 복지에 관심을 갖는 사람이 투표를 통해 선출되어 사회를 이끌어 가는 정치제도를 추구하였던 것이다. 예를 들어 제퍼슨이 부유하기만 하고 지도자로서의 덕목은 갖추고 있지 않은 사람을 거짓된 귀족(artificial aristocrats)으로 비판하고 공교육의 중요성을 강조하고 있는 것에서도 이와 같은 관점을 찾아볼 수 있다. 또한 제정 당시 연방헌법에서 간접선거 방식을 강조하였던 것도 사적인 이해관계를 추구하는 정치인과 공적인 덕목을 갖춘 지도자를 구분해낼 수 있는 지적 능력을 갖춘 사람들에 의해 대표 선출이 이루어지도록 하기 위한 것이었다(신유섭, 2007, pp. 135-136).[2]

이와 같은 연방헌법을 바탕으로 시민의 모습을 제시하였기 때문에 구공민에서의 시민의 개념은 다음과 같이 매우 협소하고 제한적인 것이었다. 첫째, 구공민에서의 시민은 기본적으로 참정권을 갖춘 사람들을 의미하였다. 대의제 민주주의 국가에서 공화주의에 입각한 주나 국가가 공화주의의 이상에 충실하게 유지되려면, 그 사회의 구성원 한 사람 한 사람 모두가 공익추구라는 관점을 가지고 올바르게 선거권을 행사할 수 있는 식견을 갖추는 것이 필요했기 때문이다. 그러나 당시 참정권을 가진 '시민'은 백인 성인남성이었기 때문에 구공민

---

2) 1913년 미국 헌법 수정조항 제17조에 의해 상원의원은 직접선출 방식으로 변경되었다.

에서의 교육 대상은 미래에 공화국의 시민이 되거나 또는 시민을 기르게 될 백인 아동들이 되어야 했다(박은진, 2003, p. 10).[3]

둘째, 구공민에서의 시민은 공화국을 이끌어 나갈 지도자가 될 수 있는 후보들이었다. 미국 헌법을 구상하였던 공화주의 전통의 지식인들은 모든 시민들이 지도자가 될 수 있는 것은 아니라고 믿었다.[4] 선거권을 행사하기에 적합한 능력을 가진 시민과 투표에 의해 지도자로 선출될 수 있는 시민은 구분되며, 이들 간의 차이는 교육에 의해 만들어지는 것이 아니라 태어나면서부터 존재한다고 보았다. 교육을 통해 보통사람들이 자신들의 직접적인 이해관계를 넘어서서 보다 큰 차원에서의 공익을 분별하고 추진해 나갈 만큼의 식견과 능력을 갖추게 하는 것은 현실적으로 불가능하다고 여겼던 것이다. 결국 공화국이 성공적으로 유지되기 위해서는 타고난 자질을 교육을 통해 계발한 소수의 지도자들이 필요하였다고 생각했던 것이다(박은진, 2003, p. 15-16). 따라서 구공민에서의 교육은 미래의 지도자를 육성하기 위한 것이 아니라, 미래의 지도자가 될 수 있는 엘리트들을 찾아내고 선발하는 기능을 해야 한다.

2) 구공민의 교육내용
구공민의 교육 내용의 특징은 다음과 같은 두 가지 측면에서 살펴

---

[3] 참정권이 없던 여성들을 공민교육의 대상에 포함시킨 이유는 가정교육과 관련이 있다. 여성들은 어머니로서 가정교육을 통해 자식들을 공화주의 전통에 적합한 시민으로 양육함으로써 정치적 역할을 할 수 있다는 것이다. 이러한 이유에서 이 시기 교육 개혁가들은 공화국의 시민을 육성하기 위해서는 여성들에게도 교육의 기회를 확대해야 한다고 주장하였으며, 실제 현실에 있어서도 여성들에 대한 교육 기회 제공이 확대되었다(Kerber, 1986).

[4] 고대 그리스의 경우 모든 시민이 지도자가 될 수 있다는 생각을 가지고 있었기 때문에 공직자 선발에 있어 추첨제가 실시되었다.

볼 수 있다.

첫째, 구공민에서 강조된 내용요소는 시기에 따라 다르게 나타나고 있다는 점이다. 초기의 구공민은 헌법 내용을 중심으로 구성되어 있었지만 이후 연방헌법 이외에도 주 헌법, 연방정부 및 주 정부 기구와 공무원에 대한 내용들이 추가되었다. 물론 모든 내용들이 동일한 중요성을 가지고 다루어진 것은 아니었다. 대통령과 의회 그리고 내각 각료의 책임에 대해서는 상세한 설명이 제시되었지만, 주 정부나 지방 자치 단체에 대해서는 비교적 간략한 설명이 제시되었다. 또한 전국적인 문제에 대해서는 많은 시간 동안 다루어지는 반면 주나 지역 차원의 문제는 간략하게 언급하는 정도로만 다루어졌다(Stout, 1921 pp. 181-186).

둘째, 구공민의 내용 서술방식에서는 역사적, 분석적, 연역적 방식이 사용되었다. 역사적 접근방식을 통해 미국의 성립과정과 헌법 관련 법령을 시대순으로 제시되었다. 분석적 접근방식에서는 헌법 조항들을 먼저 제시하고 각 조항들이 의미하는 바가 무엇인지 분석하여 설명하는 방식이, 연역적 접근방식에서는 각각의 헌법조항으로부터 관련 정부기구나 이를 담당하는 공무원에 대한 내용을 도출해 내는 방식이 적용되었다(Hill, 1914, p. 8; Stout, 1921, p. 181; APSA, 1916, pp. 2-3).

이 시기 사용되었던 공민 관련 교과서들의 목차를 통해 이와 같은 내용을 확인할 수 있다(Alden, 1872; Townsend, 1873).

Citizen's Manual: A text-book on government (1872)	1. 시민사회와 시민정부의 기원 2. 군주정 귀족정 공화국 자유와 법 3. 폭정(Despotism)-자유 정부 - 자치 정부에 따른 권리와 의무 4. 식민지(시대) 5. 연맹(시대)(연맹규약 The Articles of Confederation) 6. 헌법의 작성과 수용 7. 헌법의 본질 8. 권력분립-의회-하원 9. 상원 10. 의회의 회의 - 의원의 특권 11. 입법 방식(의결 방식) 12. 의회의 권한1 13. 의회의 권한2 14. 미국 정부가 할 수 없는 것들 15. 주 정부가 할 수 없는 것들 16. 행정부-대통령과 부통령 선거1 17. 대통령과 부통령 선거2 18. 대통령의 의무
Citizen's Manual: A text-book on government (1872)	19. 사법부 20. 사법부 21. 반역죄-도망자-새로운 주의 승인 22. 헌법 수정 방식-최고법으로서의 헌법 23. 수정조항을 통한 헌법개정 24. 각 주의 헌법 25. 영국 헌법 26. 영국 행정부 27. 영국 사법부 28. 국제법 29. 다른 종류의 법
Analysis of Civil Government (1873)	Part I 1. 초기 정착자 2. 지명의 유래 3. 식민지의 보통법(common law) 4. 식민 정부 5. 미국혁명의 원인 6. 식민지들의 단결 7. 연합규약 8. 연합 체제하의 특징 9. 연합의 쇠퇴와 붕괴 10. 연합의 결정적인 결함 11. 현행 헌법의 기원 12. 헌법의 비준

	13. 헌법 수정
	14. 정부의 각 부
	Part Ⅱ
	1. 하원
	2. 상원
	3. 상하원 공통 조항
	4. 의회의 권한
Analysis of	5. 입법
Civil Government	6. 미국 정부가 할 수 없는 것들(금지조항)
(1873)	7. 공무원
	8. 주의 권리
	9. 주와 연방의 관계
	10. 주가 할 수 없는 것들
	11. 인적권리(재산권과 반대되는: personal rights)
	12. 행정부
	13. 부통령
	14. 사법부
	15. (각부 수장들의 명단과 중요 부서의 조직 및 관료 명단)

3) 구공민의 교수학습

일방적인 전달이나 교화 등의 방식을 통해 연방헌법과 관련된 지식을 암기하도록 하며 연방헌법이 바탕으로 하고 있는 가치 체계를 교화하도록 하는 것이 구공민의 특징적인 수업 방식이었다.

이는 당시 지배적인 교육사조였던 종교교육의 영향으로 보인다. 실제로 Alden의 책은 헌법에 대한 지식을 교리 문답식으로 제시하고 있다. 이는 대부분의 교육기관들이 교회와 관련을 가지고 있던 초기 미국 교육에서 종교 교육에서 사용되던 교리문답법을 차용한 결과로 판단된다. 교리문답이란 원래 기독교 교리를 암기하고 이를 습관화하도록 문답식으로 가르치는 것에서 유래한 교수학습 방식이다. 질문을 통해 학습자가 학습 내용을 정확하게 알고 있는지 여부를 판단할 수 있기 때문이며, 당시 상황에서는 효과적인 공부법으로 인식되었다.

종교 교육에서 교리에 대한 주입이 핵심이듯이 교육에 있어서도 지식이나 가치의 주입을 위한 방식으로 교리문답법이 채택된 것이다 (Hill, 1923, p. 223; Judd, 192?, pp. 511-512).

이와 같이 구공민의 기본적인 교육방법은 지식의 암기 및 가치관의 주입이었다. 구공민에서는 실제적으로 학생들에게 정부에 대한 지식을 주입하는 것 또는 추상적이고 형식적인 방법으로 시민의 의무를 가르치는 것 이외에는 다른 방식의 수업이 이루어지지 않았다 (Stout, 1921, p. 181).

3. 구공민의 한계

구공민의 결정적인 한계는 교육의 목표로서 '시민'에 대한 것이다. 구공민이 목표로 하는 시민의 개념이 제한적으로 설정되었기 때문에 교육내용 및 교육방법 또한 제한될 수밖에 없었던 것이다. 교육내용은 백인 성인남성에게 참정권을 부여하는 근거가 되는 연방헌법과 미래 공화국 지도자들이 운영하게 될 정부에 대한 내용이었고 이마저도 학생들의 생활 세계가 아닌 제한된 범위의 시민(백인 성인남성 및 소수의 미래지도자)들이 미래에 경험하게 될 내용들을 다루게 되어 추상적이고 형식적인 성격을 가질 수밖에 없었다. 교육방법 또한 미국의 헌법 체계와 정부 기구에 대한 지식들에 대한 암기 및 미국 사회를 근간을 이루고 있는 기본 가치들에 대한 교화가 중심이 되었다.

이처럼 구공민은 목표로 하는 시민 개념이 제한적이었고 교육내용 및 교수방법 또한 한계를 가지고 있었기 때문에, 학생들의 입장에서는 자신의 실제 생활과는 동떨어진 정치적 선거권자 또는 피선거권자로서의 시민의 모습에 대해 교리문답식으로 암송 또는 암기해야만 하는 과목이 되었다. 그 결과 구공민은 학생의 실생활과는 괴리된 형식적이고 추상적인 내용을 일방적으로 주입하는 과목으로, 그래서 지루하기만 한 과목으로 인식되었다.

Ⅲ. 신공민의 등장 배경

구공민이 가지고 있던 문제점은 사회 변화로 인해 본격적으로 드러나기 시작하였다. 헌법 수정을 통해 시민권의 부여 대상이 확대되고 이에 따른 참정권 문제가 논란이 되면서 백인 남성을 대상으로 하던 기존의 시민교육은 한계에 부딪히게 되었다. 또한 산업화와 도시화로 인한 사회 변화에 따라 새롭게 등장한 사회문제를 능동적으로 해결할 수 있는 시민적 자질에 대한 사회적 요구가 증대되었다.

이와 같은 사회적 변화와 함께 사회학, 경제학 등과 같은 사회과학의 발달 및 듀이를 중심으로 제기된 아동과 학교에 대한 인식 변화는 아동을 미래의 시민으로만 인식한 채 아동의 정치적 삶에만 관심을 가졌던 기존의 시민교육에 커다란 변화를 가져오는 계기가 되었다.

1. 사회적 변화: 산업화, 도시화, 민주화

19세기 후반 미국 사회는 경제적·사회적·정치적 측면에서 커다란 변화를 겪게 된다. 남북전쟁 이후 본격적으로 시작된 산업혁명으로 인한 경제적 변화와 이에 따른 도시화 및 이민의 증가와 같은 사회적 변화, 그리고 참정권 확대 등을 통한 정치적 변화가 신공민이 등장을 가져온 사회적 변화이다.

1) 산업화

19세기 후반 미국은 경이적인 경제성장을 이룩하였다. 물론 미국의 경제성장은 하루아침에 이루어진 것은 아니다. 19세기 초반부터 미국은 제조업의 기반을 구축하고 있었고 남북전쟁 이전에 이미 잘 정비된 산업체제를 갖추고 있었다. 그럼에도 불구하고 미국사에 있어서 19세기 후반은 가장 역동적인 경제성장의 시기였다. 이러한 성장의 시기를 통해 미국 경제는 20세기 세계경제를 주도할 수 있는 여력을 가지게 되었다(이주영, 1995, pp. 198-199).

일반적으로 다음과 같은 요인들이 19세기 후반 미국의 경이로운 경제성장에 기여한 것으로 인정받고 있다(Brinkley, 1998, pp. 195-205).

첫째, 기술의 혁신이다. 새로운 기술의 등장과 새로운 원료 및 생산과정의 발견은 19세기 말 산업의 발전에 필수적인 요소이다. 1860년까지 3만 6,000여 건에 불과하던 기술특허가 1860년부터 1890년 사이의 30년 동안 44만 건으로 증가하였다. 구체적으로는 각종 생산기술의 발전 및 전신 및 전화와 같은 통신기술의 발전, 전등의 발명을 통한 일상생활에서의 전기 활용 등으로 사회 전체의 모습이 급격하게 변화하였다.
둘째, 테일러주의(Taylorism)로 불리는 새로운 과학적 경영기법이다. 테일러의 과학적 경영기법을 적용함으로써 기업가들은 개별 작업자들을 주의 깊게 감독함과 동시에 조업 중 발생하는 시간과 동작의 낭비를 줄일 수 있었다. 경영방법의 개선을 통해 기업가들은 작업장이나 공장에서의 생산 효율성을 획기적으로 높일 수 있었다. 극단적인 테일러주의의 도입으로 고통을 받게 된 노동자들이 분노하고 항의하기도 하였지만, 생산성 향상이라는 측면에 있어서 테일러주의는 매우 효과적인 경영기법이었다. 테일러주의가 도입됨으로써 대량생산기술의 발전이 가능하게 되었다.

셋째, 교통수단으로서 철도의 확장이다. 1860년 48,000km에 불과하던 미국의 철도는 1870년 83,000km로, 1880년 149,000km, 1890년 260,000km, 1900년에는 309,000km로 급성장하였다. 이 시기 철도산업 자체가 미국의 가장 거대한 산업분야였고 철도 건설을 위해 지출된 막대한 건설비는 미국 경제성장의 밑거름이 되었다. 이에 따라 19세기 후반 철도는 미국 사회에서 가장 중요한 운송수단이 되었고 기업가들에게는 시장과 원료에 대한 접근성을 높여 주었다.

넷째, 새로운 형태의 기업인 주식회사의 등장이다. 산업사회로의 발전은 대규모의 생산설비를 요구하였다. 산업사회에서 요구하는 새로운 생산양식은 개인의 투자에 의해 감당하기에는 어려울 정도의 막대한 자본을 요구하였기 때문이다. 이에 대한 대안으로 등장한 것이 주식회사이다. 1830년대와 1840년대에 걸쳐 여러 주에서 주식회사법이 통과되면서 기업은 주식판매를 통해 자금을 조성할 수 있었다. 주식회사라는 새로운 형태의 기업을 통해 기업가들은 막대한 자본을 손쉽게 동원하여 대규모 사업에 착수할 수 있게 되었고 투자자들은 투자에 따른 위험부담을 투자금액에 한정하여 최소화할 수 있었다.

2) 도시화

19세기 후반 진행된 급격한 산업화는 미국 사회의 중심을 농촌이 아닌 도시로 옮겨놓았다. 도시로의 인구집중은 산업화와 공장의 증가에 따른 자연스러운 현상이었기 때문이다. 그러나 유럽국가들과는 달리 대도시를 가져본 경험이 없었던 미국에서는 도시의 확대가 매우 급격하게 나타났다. 기본적으로 도시는 많은 일자리와 생활의 편리함, 흥미로운 문화적 경험 등을 제공하여 사람들을 끌어들였다. 이러한 이유 때문에 미국의 도시 인구는 남북전쟁 이후 50여 년간 일곱 배가 증가하였다. 1920년의 인구주택총조사(census)에서는 처음으로 미국 인구의 과반수가 도시지역에 살고 있는 것으로 파악되었다 (Brinkley, 1998, pp. 225-227).

산업화의 과정에서 도시 지역으로 몰려든 사람들은 주로 농촌으로 부터의 이주한 사람들이거나 외국으로부터 온 이민자들이었다. 1870 년부터 1920년 사이에 대략 1,100만 명의 미국인이 농촌을 떠나 도시로 갔고, 이 시기 미국으로 건너온 2,000만 명 이상의 이민자들 대부분이 도시노동자가 되었다(Dubofsky, 1990, p. 30).

농촌지역으로부터의 인구이동은 19세기 후반 전 세계적인 농업의 발전 그리고 수송체계의 근대화로 인한 전 세계적인 곡물의 초과 생산과 가격 하락에 기인한다. 밀은 남북전쟁 직후 1부셸에 1달러 60센트에 팔렸으나 1890년대에는 49센트로 떨어졌다. 반면 1880년 대 후반 가뭄이 계속되면서 생산비는 지속적으로 상승하였다. 결국 많은 농민들이 농토를 포기하고 도시로 이주하였다(Brinkley, 1998). 19세기 말 도시인구가 증가하게 된 가장 중요한 원인은 해외로부터의 이민 증가이다. 특히 19세기 후반 전체 이민의 절반 이상을 차지하였던 남부유럽 및 동부유럽 출신의 이민들은 농장을 구입하기 위한 자본도 없었고 전문직에 적합한 교육도 받지 못한 이들이었다. 따라서 그들은 미숙련노동자로서 산업도시에 정착할 수밖에 없었다. 그 결과 1890년경 주요 도시지역인구의 대부분은 이민으로 이루어져 있었다. 시카고 인구의 87%, 뉴욕 인구의 80%, 밀워키와 디트로이트 인구의 84%가 이민자였거나 이민자의 자녀였다(Dubofsky, 1990, pp. 28-29).

거대한 도시는 전통적인 관습에 바탕을 두고 운영되던 농촌의 공동체들과는 달리 여러 가지 새로운 생활양식들을 만들어냈다. 급격하게 팽창한 미국의 대도시에서는 다음과 같은 새로운 특징들이 나타났다(Brinkley, 1998, pp. 239-247). 첫째, 대량소비현상이 나타났다. 산업화에 따른 대량생산은 대량소비가 가능한 시장을 찾아야 했다. 도시는 새롭게 등장한 대량소비시장이었다. 백화점이 등장하고 전국적인 규모의 체인점이 등장한 것도 이 시기였다. 둘째, 노동과는 구분되는 여가라는 개념이 생겨났다. 노동시간의 감소에 따라 여가라는 새로운 개념이 등장하였다. 이러한 여가시간의 활용을 위해 등장한 것이 스포츠와 대중문화이다. 셋째, 대중매체가 등장하였다. 도시의 산업사회는 뉴스와 정보를 전달하기 위한 새로운 수단으로서 대중매체를 필요로 하였다. 이 시기 신문은 대중매체로서 비약적인 발전을 하였다.

3) 민주화

남북전쟁의 종전(1865년) 이후 남부에 주둔하던 연방군대가 철수하는 1877년까지를 미국사에서는 재건시대(The Reconstruction Era)라고 부른다. 이 시기에는 남부에 대한 전후 처리 문제뿐만 아니라 해방된 노예들의 자립과 시민권 부여에 대한 논의가 활발하게 이루어졌다. 시민권과 관련된 논의의 결과 수정 14조와 수정 15조가 제정되었다 (U.S. Embsaay Seoul Public Affairs Section Information Resource Center, 2006).

수정 제14조 (공민권)
[1866년 6월 16일 발의, 1868년 7월 28일 비준]
제1절 미국에서 출생하고 또는 귀화하고, 미국의 관할권에 속하는 모든 사람은 미국 및 그 거주하는 주의 시민이다. 어떠한 주도 미국 시민의 특권과 면책권을 박탈하는 법률을 제정하거나 시행할 수 없다. 어떠한 주도 정당한 법의 절차에 의하지 아니하고는 어떠한 사람으로부터도 생명, 자유, 또는 재산을 박탈할 수 없으며, 그 관할권 내에 있는 어떠한 사람에 대하여도 법률에 의한 동등한 보호를 거부하지 못한다.

수정 제15조 (흑인의 투표권)
[1869년 2월 27일 발의, 1870년 3월 30일 비준]
제1절 미국 시민의 투표권은 인종, 피부색 또는 과거의 예속 상태로 해서 미국이나 주에 의하여 거부되거나 제한되지 아니한다.

이를 통해 시민의 범위 또는 시민권 부여의 조건 등에 획기적인 변화가 나타났다. '독립적'인 모든 개인들에게 정치적 권리를 부여하면서 미국인들의 엘리트주의적인 공화주의적 시민성 개념이 민주적 시민성으로 변화된 것이다(Reuben, 1997, p. 407).

2. 사상적 변화: 교육사상의 변화와 사회과학의 발전

사회적 변화와 함께 사상적 변화도 나타났다. 아동 중심의 새로운 교육사상이 등장하여 아동을 사회의 구성원으로 인정하고 학교를 하나의 공동체로 인식하는 패러다임의 변화가 나타났다. 또한 사회과학도 발전하여 사회변화에 따라 나타난 사회문제에 대한 적극적인 해결방안을 제시하기 시작하였다.

1) 민주주의와 교육

19세기 후반 교육사상의 새로운 변화를 이끌어내는 데 있어 가장 큰 기여를 한 사람은 듀이이다. 아동과 민주주의 그리고 학교에 대한 듀이의 새로운 사고방식은 신공민의 등장을 위한 핵심적인 교육사상적 배경을 제시하였다.[5]

첫째, 듀이는 성인과 아동을 구분하는 기존의 사고에서 벗어나 아동을 성인과 동일한 사회의 구성원으로 바라보았다. 즉, 아동 또한 성인과 마찬가지로 시민으로 본 것이다. 이러한 관점에서 듀이는 아동

---

5) 실제로 4장에서 살펴보게 될 신공민 등장의 핵심 인물이었던 던은 "Teaching Citizen and Community" 의 서문에서 듀이의 'Ethical Principles Underlying Education'를 직접 인용하며 이 책의 목적 및 정당화를 시도하고 있다(Dunn, 1907).

과 성인의 행위가 동일한 것으로 보았으며, 학교 안 생활에서 적용되는 윤리적 원리와 학교 밖 생활에서 적용되는 윤리적 원리 또한 별도로 구분되는 형태를 가지고 있지 않다고 보았다(Dewey, 1903, pp. 10).

둘째, 듀이는 민주주의를 정부 형태가 아닌 생활양식으로 보았으며, 이에 따라 시민으로서 아동들이 형성하는 사회적 관계는 투표 등과 같은 정치적 관계에 한정되어서는 안 된다고 보았다. 아동은 미래의 유권자일 뿐만 아니라, 가족의 구성원이며 노동자, 이웃이나 공동체의 구성원이 될 수도 있기 때문이다. 따라서 아동에게 길러 주어야할 시민으로서의 자질은 투표할 수 있는 능력, 준법정신 등에 한정된 것이 아니라 보다 포괄적이고 통합적인 것이어야 한다. 선량한 시민을 양성할 수 있는 특별한 비법이 있다고 생각하는 것은 잘못된 미신이다(Dewey, 1903, pp. 11).

셋째, 듀이는 학교를 일종의 사회적 기관(social institution)으로 정의하고, 학교의 역할을 좁은 의미의 정치적 시민성을 훈련하는 것으로 제한하는 것은 못한 것으로 바라보았다. 학교는 학생들이 가정, 이웃, 놀이터 등에서 경험하는 복잡한 사회(공동체)생활을 보다 단순화시켜 반영해야 하며, 학교의 교과목 또한 학생의 실생활과 밀접한 관련을 가져야 한다고 주장하였다(Dewey, 1897, pp. 77-78).

2) 사회과학의 발전

남북전쟁 이전 사회과학은 교회의 영향하에 놓여 있었고 도덕철학 교과과정의 하위 영역으로 편성되어 있었다. 도덕철학은 신학과 자연철학의 중간 영역으로 의무의 원칙과 책임에 대한 과학으로 이해되었고, 정치학과 시민 윤리 및 정치경제학은 도덕철학의 보조과목이나 도덕 철학의 일부분으로 가르쳐졌다(Ross, 2008, p. 94).

정치학, 경제학, 사회학 등과 같은 사회과학의 분과 학문들이 도덕 철학으로부터 분리되어 본격적으로 발전하기 시작한 것은 남북전쟁 이후이다. 전후 재건 과정 및 급속한 산업화와 도시화의 진행이라는 사회적 변화와 함께 고등교육기관인 대학의 팽창은 미국 사회과학의 발전에 토대가 되었다(Ross, 2008, p. 119).

식민지 시대부터 19세기 중반에 이르기까지 미국 고등교육의 역사는 미국 개신교의 역사라고도 할 수 있다. 개신교가 미국 대학들의 설립과 행정 그리고 교육에서 핵심적인 역할을 했기 때문이다. 그러나 19세기 후반 산업화의 과정에서 나타난 발전 덕분에 대학교육에 대한 기독교의 영향은 현저히 줄어들었다. 새롭게 등장한 재산가들에 의해서 존스 홉킨스 대학교, 코넬 대학교, 시카고 대학교, 스탠퍼드 대학교 그리고 클라크 대학교 등이 생겨나게 된 것이다(조영훈, 2006, pp. 9-10).

19세기 후반 비교적 짧은 기간에 빠른 속도로 팽창한 미국의 대학들은 유럽 대학들과는 달리 전통에 구애받지 않았기 때문에 사회과학 분야의 새로운 학문들을 적극적으로 수용하고 발전시킬 수 있었다. 19세기 후반 미국 대학에서 가장 주목할 만한 성과를 이룬 것은 사회학이었다. 미국 최초의 사회학 강좌는 1875년 예일 대학교에서 개설되었다. 이후 많은 대학들에서 도덕철학 대신 사회학을 가르치기 시작하였다. 콜비 대학교 총장이었던 스몰(Albion Small)은 1890년 기존의 형이상학의 발전과정 대신 현대 사회철학을 그의 수업에 소개하였다. 이와 같은 새로운 수업은 이후 그가 시카고 대학교 사회학과로 옮긴 이후 사회학 수업의 기본 지침이 되었다. 그가 제시한 사회학 교육과정은 과거와 현재에 있어서 사회의 실제 모습을 다루는 '기술적 사회학(descriptive sociology)', 사회 질서의 기본 원리를 분석하는 '사회 정학(static sociology)', 이상 사회의 추구에 필요한 방법론을 다루는 '사회 동학(dynamic sociology)' 등으로 구성되어 있었다(고영복, 1994, pp. 324-325).

미국 사회학의 선구자인 섬너는 스펜서의 사회진화론을 바탕으로 당시 미국 사회의 발전을 뒷받침하는 사상적 기반을 제공하였다(주낙원, 1990, pp. 51-59). 섬너에게 있어 과학적인 자연법칙의 지배를 받는 사회질서 속에서 사회과학이 해야 할 일은 자연법칙을 밝혀냄으로써 인간이 보다 철저히 자연의 지시에 순응하게 하는 것이다(고영복, 1994, pp. 327-332).

Ⅳ. 신공민의 등장과 공민교육의 발전

1. 신공민의 등장과 발전

구공민은 공화주의 전통이 가지는 제한점과 교육내용 및 교수방법의 한계로 인해 정치적 선거권자 또는 피선거권자로서의 시민의 모습에 대해 교리문답 암송 또는 암기하는 과목이 되었다. 그 결과 학생들에게 구공민은 학생의 실생활과는 괴리된 형식적이고 추상적인 내용을 일방적으로 주입하는 과목으로 그래서 암기해야 할 내용만 많은 지루하고 따분한 과목으로 인식되었다.

구공민이 학생들의 현실에 맞지 않는 추상적이고 형식적인 내용 구성과 암송 위주의 교수방법으로 학생들의 흥미를 끌지 못하는 상황에서 헌법 수정에 따른 시민 및 시민성 개념의 변화와 산업화·도시화 등으로 인한 사회문제에 대한 관심 증대, 그리고 사회과학의 분화로 인해 구공민을 대신할 수 있는 새로운 공민에 대한 사회적 요구가 나타났다.

이와 같은 사회적 배경 속에서 공민교육의 범위를 정치적 측면에 한정시키지 않고 새롭게 등장한 사회문제까지 확대하여 저술한 최초의 교과서는 브라이스(James Bryce)가 1888년에 저술한 『The American Commonwealth』이다. 그는 이 책에서 연방정부, 주 정부, 지방정부 등에 대한 논의에 덧붙여 정당, 로비활동, 여론, 여성참정권, 철도, 대학, 교회, 월스트리트, 인종차별 문제 등의 다양한 주제를 포함시켜 이후 새로운 형태의 공민이 등장하는 토대를 제공하였다(Hill, 1923, pp. 224-225).

브라이스의 영향으로 나타난 새로운 형태의 공민 교과서 개발자 중 신공민의 등장에 결정적인 기여를 한 인물은 던이다. NEA 사회과 위원회의 주요 구성원으로서 분과위원회를 이끌었으며 1915년 분과위원회보고서인 "The Teaching of Community Civics"와 1916년 최종보고서 작성에도 중요한 역할을 한 인물로 알려져 있다. 1893년 스몰과 듀이가 교수진으로 있던 시카고 대학교에 입학한 던은 자신이 자랐던 소규모 공동체에 대한 이해를 대도시의 공동체로까지 넓혀 나갔다. 시카고에서의 생활을 마치고 난 후 던은 역사교사가 되어 전통적인 지식 전달의 역사가 아닌 과학적 탐구로서의 역사를 주장하였다. 그는 교사를 강사가 아닌 지도자로, 학생을 능동적인 참여자 그리고 탐험가로서 파악하였다. 이러한 경험을 바탕으로 하여 1907년 던은 『공민: 공동체와 시민(Civics: the Community and the Citizen)』이라는 새로운 공민 교과서를 저술하여 신공민의 등장을 세상에 알렸다. 그는 이 교과서를 통해 그는 정부와 시민 사이의 상호책임감, 보다 구체적으로 시민은 능동적으로 정부에 참여할 책임이 있으며 정부는 시민에게 실용적인 서비스를 제공해야 한다는 점을 강조하였다. 원래 공동체 공민은 1905년경 던에 의해 인디애나폴리스(Indianapolis)에서 시도된 교과목이다. 던의 공동체 공민은 역사·지리 그리고 공민의 요소를 모두 포함하고 있기 때문에 진정한 의미에서 공립학교에서 시도된 최초의 사회과라고 할 수 있다(차조일, 2008, pp. 86-89).

이후 던의 공동체 공민은 1915년 분과위원회보고서인 "The Teaching of Community Civics"를 거쳐 1916년 최종보고서에서도 중요한 역할을 하였다. 1916년 보고서에서 던은 공동체 공민을 기존 공민과목에 대한 대안으로서 제시하였다. 더 나아가서 보다 낮은 학년, 즉 초등교육과정에서도 공동체 공민이 제시되어야 한다고 주장하였다. 던 등의 공동체 공민 주창자들은 고등학교 수준이 아니라 보다 낮은 학년, 장기적으로는 초등수준에서 공동체 공민을 가르칠 것을 주장하였다 (Ruth, 2000, pp. 10-11).

공동체 공민을 통해 등장한 신공민은 이후 사회적 공민, 경제적 공민 등과 같이 다양한 형태로 발전해 나갔으며 학교 현장에 널리 보급되었다. 그 결과 다음 표를 통해서도 알 수 있듯이 Civics라는 과목 대신 학교 현장에서는 정치적 영역을 넘어서 사회경제적 영역으로 다양하게 확장된 공민 과목들이 채택되었다(Tryon, 1935, p. 299).

<표 1-3> 공립 및 사립학교에서 공민 교과 비교: **1921년 vs 1927년**

Civics 1921~1922		공동체 공민 1927~1928		'공동체 공민' 이외의 공민 1927~1928		공동체 사회 경제 등 Civics 1927~1928	
number	%	number	%	number	%	number	%
444,306	18.59	412,418	13.11	206,784	6.57	619,202	19.69

2. 신공민의 특징

1) 신공민의 목표

시민교육이라는 구공민의 교육목표는 신공민에서도 별다른 변화 없이 제시되고 있지만 시민의 범위와 시민이 갖추어야 할 자질에 대해서는 변화가 나타났다. 시민교육이라는 동일한 목표를 가지고 있음에도 불구하고 시민의 범위 및 시민성의 개념이 달라지기 때문에 신공민의 목표는 구공민과는 실질적으로 다른 것일 수밖에 없다. 따라서 신공민이 전제하고 있는 시민 및 시민성의 개념에 대한 검토를 통해 신공민의 목표를 명확하게 이해할 수 있다.

첫째, 신공민에서 전제하고 있는 시민은 구공민에 비해 포함 대상 및 생활 영역이 확장된 개념이다. 신공민에서는 투표권을 가진 백인 성인남성만을 포함하던 시민의 개념을 인종과 연령의 벽을 넘어 확장하였다. 수정 14조의 결과, 미국에서 태어난 또는 귀화한 사람들은 모두 시민으로 인정되었기 때문에 구공민과는 달리 신공민은 보다 다른 인종의 사람들을 시민에 포함하게 된 것이다. 이처럼 시민의 범위가 확대되면서 아동의 지위에도 변화가 나타났다. 아동이나 학생들이 '미래의 시민'이 아닌 '현재의 시민'으로서 인식되기 시작한 것이다. 그 결과, 신공민의 목표는 미래의 시민을 교육하는 것이 아닌 현재의 시민을 교육하는 것으로 변화되었다(Hill, 1923, p. 226; Reuben, 1997, pp. 403-405).

둘째, 시민성의 개념이 변화하였다. 과거 구공민에서의 시민성은 좁은 의미에서 투표를 잘하는 지적 능력, 법에 복종하는 성향 등을 의미하였지만 신공민에서의 시민성은 집단 구성원으로서의 자질을 의미하였다. 19세기 중반 독립적인 모든 개인들에게 정치적 권리로서의 시민권을 부여하면서 구공민의 엘리트주의적인 공화주의적 시민성 개념은 보다 민주적 의미의 시민성으로 변화된 것이다. "어린이는 유권자나 법의 대상에만 그치는 것은 아니다. 아동은 노동자가 될 것이며, 이웃이나 공동체의 구성원이 될 것이다."라는 듀이의 주장에서도 알 수 있듯이 민주적 시민성의 핵심이 선거권이나 법적 의무 등과 관련된 것이 아닌 구성원으로서의 지위, 즉 멤버십(membership)으로 변화된 것이다(Dunn, 1907, pp. iii-iv). 시민성을 멤버십 개념으로 바라보게 되면서 정부와의 관계를 중심으로 투표나 준법 등을 중심으로 인식되던 시민성 개념에 변화가 나타나기 시작하였다. 국가뿐만 아니라 가정, 학교 동아리, 공장 등과 같은 각종 사회집단의 구성원으로서 갖추어야 할 자질도 시민성에 포함되기 시작한 것이다. 시민성의 개념이 정치적인 측면을 넘어 확대된 것이다. 또한 구성원의 자질로서 시민성이 인식되면서 '독립'적 시민이라는 공화주의적 전통의 시민성 대신 상호의존하는 공동체 구성원으로서의 자질이 신공민에서 강조되었다(Hill, 1923, p. 226).

2) 신공민의 내용

교육의 목표로 삼은 시민의 모습이 변화함에 따라 공민교육을 위한
내용 체계도 달라질 수밖에 없었다. 미래의 시민이라는 추상적이고 형
식적인 목표가 아닌 현재의 시민에게 요구되는 자질과 관련된 내용들
이 신공민의 교과서들을 채우게 된 것이다. 구공민과는 다른 신공민
내용 체계의 특징은 다음과 같이 두 가지 측면에서 파악할 수 있다.

첫째, 연방차원의 헌법이나 정부에 대한 관심에서 출발하던 구공
민과는 달리 신공민은 학생들이 살아가는, 그리고 매일 접촉하는 지
역 차원에서 시작한다. 지역에 대한 분석에서 출발하여 마을이나 도
시 차원에서부터 주나 국가 차원으로 확장시켜 나아간다. 이는 시민
의 삶에 있어 직접적인 연관을 가지고 있는 지역 차원의 공동체들이
추상적인 연방헌법이나 먼 곳에 있는 연방정부보다 중요하다는 생각
에 바탕하고 있다(APSA, 1916, pp. 5-6).

둘째, 신공민에서는 헌법이나 정부기구 등에 대한 분석적 내용보
다는 이들의 기능을 중심으로 내용을 구성하고 있다. 즉, 신공민에서
는 정부가 건강 증진, 생명 존중, 재산 보호 등과 같은 다양한 사회적
요구를 충족하기 위해 하는 일들에 대한 분석이 헌법 조항들보다 더
중요하게 다루어지고 있다. 헌법이나 법령에서 제시되고 있는 공무원
의 역할에서 출발하였던 구공민과는 달리 신공민에서는 공동체의 요
구에서 출발하고 있으며, 이와 같은 공동체의 요구를 충족시키는 방
법을 주요 내용으로 다루었다. 한 가지 주의할 점은 신공민이 헌법이
나 정부 형태에 대한 무관심했던 것은 아니라는 점이다. 구공민의 내
용 중에서도 가치가 있던 부분은 유지된다. 물론 공무원의 이름, 월
급, 공무원의 복무규정 등과 같은 세세한 문제를 배우지 않는 것은

여러모로 도움이 된다. 이와 같은 사실들 중 정부의 기능을 공부하기 위해 필요한 것들은 참고자료나 부록을 통해 제시될 수 있을 것이다(APSA, 1916, pp. 5-6).

셋째, 신공민에서는 정치적 영역을 넘어선 다양한 시민들의 삶에 대해 다루고 있다. 즉, 시민의 삶을 정부와의 정치적 관계를 넘어서 사회적 경제적 관계까지 확장시킨 것이다(Hill, 1914, pp. 18-19; Reuben, 1997, pp. 403-405). 이와 같은 확장이 가능했던 것은 시민의 개념에 나타난 변화 이외에도 경제학 및 사회학의 발달을 통해 시민의 사회적 삶에 대한 폭넓은 이해가 이루어졌기 때문이다. 다음과 같은 공동체 공민(Community Civics), 경제 공민(Economic Civics), 사회 공민(Social civics) 및 직업 공민(Vocational civics)의 목차를 통해 확인할 수 있듯이 신공민에는 정치적 내용뿐만 아니라 경제적 또는 사회적 내용들이 다양하게 반영되고 있다(Willey, 1921; Giles, 1919; Hughes, 1921, Munro, 1922).

<표 1-4> 공민관련 교과서들의 목차

Community Civics(1921)	1. 공동체의 시작
	2. 가정과 가족 그리고 공동체
	3. 교육
	4. 정부와 건강(보건)
	5. 생명보호와 재산
	6. 정부와 레크리에이션
	7. 운송
	8. 통신
	9. 이주
	10. 교정과 법원
	11. 도움이 필요한 사람들
	12. 생산요소로서 토지
	13. 생산요소로서 노동

Community Civics(1921)	14. 생산요소로서 자본 15. 지역 환경 미화 16. 소규모 공동체에서의 정부 17. 대규모 공동체에서의 정부 18. 주와 국가차원의 입법부 의원들 19. 주의 행정부 20. 대통령 21. 대통령의 보좌관들
Vocational Civics(1919)	1. 내게 맞는 직업 찾기 2. 공무원 3. 자연과 관련된 직업: 농업, 임업, 광업, 어업 4. 유통과 관련된 직업: 운송, 금융 5. 제조업 및 건물 매매와 관련된 직업 6. 상업과 관련된 직업: 광고 7. 전문직: 법조, 의료, 간호 8. 전문직: 교직, 언론, 사회복지사업, 도서관 9. 전문직: 공학, 화학 10. 서비스업과 연예 관련 전문직: 드레스제작, 모자제작, 재단, 호텔과 레스토랑, 음악가, 미술가, 배우 11. 성공을 위한 갖추어야 할 개인적인 자질
Economic Civics(1921)	1. 우리가 필요로 하는 것 2. 우리가 원하는 것 3. 정부가 우리를 위해 하는 것 4. 정부에 대한 우리의 의무 5. 정부기구 6. 국가 생활의 토대 7. 물건의 생산 8. 현대의 경영 9. 생산자 10. 재화의 운반 11. 무역의 편리함 12. 생활조건을 보다 좋게 만들기 13. 산업을 보다 좋게 만들기 14. 정부와 사회를 보다 좋게 만들기
Social Civics(1922)	PART I. 미국의 환경 PART II. 정부의 조직 정부의 토대 선거제도 지역 및 주정부 PART III. 시민의 활동 경제적 (활동) 사회적 (활동) 국제적 (활동)

3) 신공민의 방법

신공민의 교수-학습 방법으로는 지식의 암기나 가치의 전달과 같은 주입식 교수-학습 방법 대신 보다 적극적이며 현실 생활에서의 행위능력을 갖춘 시민 교육을 위한 다양하고 새로운 방식들이 제시되었다.

첫째, 신공민에서는 구공민에서 사용된 교과서 중심의 주입식 교수법 대신 학생들이 스스로의 활동을 통해 시민으로서 필요한 자질을 익히고 나아가 시민으로 자신의 역할을 인식할 수 있도록 독서, 현장체험, 학급경영활동, 학생회활동, 지역사회봉사활동 등과 같이 다양한 교수학습 방법들을 제시하였다(Hill, 1923, p. 226).[6] 다양한 교수 기법들이 사용된 이유는 기존에 사용되던 교수-학습 방법인 주입과 암기를 통해서는 사회적·정치적 문제에 대해 심사숙고할 시민을 양성할 수 없기 때문이었다. 공동체 공민을 통해 제시된 다양한 교수-학습 방법들이 공통적인 전제는 '행하면서 배운다(Learning by Doing)'였다(Reuben, 1997, pp. 403-405).

둘째, 신공민에서는 학생들 간의 협력이 강화되었다. 시민의 개념에 있어 독립적인 개체가 아닌 상호의존성이 강조되면서 협력적 활동이 강조된 것이다. 교실에서 학생들 간의 협력이 활성화되면서 과거 주입식 교육을 위해 필요했던 훈육은 대폭 줄었고, 학생들은 수업

---

[6] 신공민에서는 교과서 이외에도 다양한 자료들이 활용되었다. 신공민을 가르치는 교사들은 교과서의 유용성이나 필요성은 인정하였지만 더 이상 교과서를 금과옥조로 받아들이지 않고 지침으로서만 받아들이게 되었다. 신공민에서 강조하는 학생들의 삶의 영역으로서 지역과 관련된 내용들을 세세하게 다룬 교과서는 존재할 수 없었기 때문이다. 따라서 신공민의 수업에서는 교과서 이외에도 다양한 읽을거리들이 제시될 수밖에 없었다(Hills, 1923, p. 226). 또한 주입이 아닌 관찰·분석·추론 등의 적극적인 사용도 권장되었다. "Observation, analysis, and inference" are the essentials of the pedagogical method adopted in this book. The aim has constantly been to make a vivid impression upon the consciousness of the pupil. (Community and Citizen 1907)

에서의 경험을 통해 교사 및 다른 학생들과 새로운 관계를 형성할 수 있었다. 협동 수업을 통해 교사와 학생 간, 학생과 학생 간에는 새롭고 자유로운 관계가 나타났을 뿐만 아니라 탐구와 토론의 습관도 형성되었다. 교사와 학생들이 매일같이 탐구라는 영역에서 협력하는 관계로서 만나게 되는 것이다. 이처럼 동등하고 협력적인 동료 관계는 가족이나 이웃 간에도 적용될 수 있었다(Hill, 1914, pp. 28-29).

V. 결론

19세기 초반 공화주의 전통을 바탕으로 하여 시작된 미국의 공민교육은 이후 미국의 사회적·사상적 변화를 반영하여 신공민으로 발전해갔다.

지적이고 책임감 있으며 경제적으로 여유 있는 백인 남성들에 의해 운영되는 공화주의 정치체제를 이상으로 삼았던 구공민과 달리 신공민은 수정 헌법 14조에서 명시된 미국 사회의 주권자로서 시민 개념을 받아들여 공민교육의 대상에 인종이나 연령에 따른 제한을 두지 않았다.

또한 시민의 활동 범위를 정치생활 영역에 한정하였던 구공민과는 달리 신공민에서는 시민의 활동범위가 사회생활 전반으로 확장되었다. 그 결과 시민에게 요구되는 자질인 시민성의 개념에도 변화가 나타났다. 시민성은 선거권이나 법적 의무 등과 같은 정치적 관계의 산물이 아닌 사회구성원으로서의 지위에 따른 자질을 의미하게 되었다.

사회적·사상적 변화의 결과, 시민은 미국 사회의 구성원으로서 다양한 사회적 관계를 형성해 가는 존재로 인식되었으며, 시민성을 함양하기 위한 공민교육에 있어서도 이와 같은 변화를 반영하여 시민들이 경험하는 다양한 사회적 관계들을 교육내용으로 다루게 되었다. 그 결과 전통적으로 미국 헌법 및 연방정부를 중심으로 한 공민교육의 내용에 지역사회에서의 생활, 경제 및 직업 생활 등과 같은 다양한 내용 요소들이 포함된 것이다.

이와 같은 신공민의 등장은 공민교육과 사회과 교육에 있어 중요한 의미를 가진다. 먼저 신공민은 공민교육의 확산을 위한 계기를 제공하였다. 중등학교 중심으로 소수의 엘리트를 위한 정치교육의 성격을 가졌던 공민교육이 신공민의 등장으로 인해 사회구성원들을 위한 보통교육에 있어 핵심적인 필수 교과로서 성격을 가지게 된 것이다.

또한 신공민의 등장은 사회과 교육의 성립과 발전에도 직접적인 영향을 주었다. NEA 사회과 위원회에서 1915년 발간한 분과위원회보고서인 "The Teaching of Community Civics"에서 제시된 '공동체 공민'이 신공민으로서의 성격을 뚜렷하게 가지고 있는 과목이었기 때문이다. 이후 1916년 최종보고서에서 8학년 및 9학년에서 개설되도록 권고된 공민과(civics) 또한 신공민으로서의 성격을 가지고 있었다. 시민의 개념을 사회구성원으로 확장한 신공민이 사회과 교육과정에 포함되면서 사회과는 시민교육을 위한 핵심 교과로서의 지위를 분명하게 확보할 수 있었다. 신공민은 시민교육으로서의 성격과 지향을 분명하게 드러내고 있어 교양교육 중심의 전통적인 교과목들과는 차별화될 수 있었기 때문이다. 공민교육 영역에서 나타난 신공민으로의 발전은 사회과가 좁은 의미의 정치교육 교과가 아닌 민주시민 양성을 위한 보통교육에 있어 핵심 교과로서 자리 매김할 수 있는 토대를 제공한 것이다.

참고문헌

고영복(1994). 『사회학설사』. 서울: 사회문화연구소 출판부.

박은진(2003). "미국 건국 초기 공화주의 '교양'과 교육". 『미국사연구』. Vol. 18. pp. 1-22.

신유섭(2007). "근대정치이념의 미국적 적용". 『한국정치학회보』. Vol. 41 No.2. pp. 121-140.

조용훈(2006). "미국 기독교 대학의 정체성 상실의 과정에 대한 연구". 『대학과 선교』 10집. pp. 9-35.

주낙원(1990). 『사회학의 역사』. 서울: 교육과학사.

Alden, J.(1872). *Alden's citizen's manual: A text-book on government, for common schools*. New York: Sheldon and company.

American Political Science Association. Committee on instruction(1916). *The teaching of government*. New York: The Macmillan company.

Ames, E. & Eldred A.(1921). *Community Civics*. New York: The Macmillan company.

Dorothy Ross 저, 백창재·정병기 역(2008). 『미국 사회과학의 기원』. 서울: 나남 출판.

Giles, F.(1919). *Vocational Civics*. New York: Macmillan.

Hill, H.(1923). The New Civics, Historical Outlook, Vol. 14 No. 6. pp. 223-227.

Hill, M.(1914). *The teaching of civics*. Boston: Houghton.

Hughes, R.(1921). *Economic Civics*. Boston, MA: Allyn and Bacon.

Kerber, L.(1986). *Women of the Republic: Intellect & Ideology in evolutionary America*. New York: W. W. Norton & Company.

Munro, W.(1922). *Social Civics*. New York: Macmillan.

Stout, J.(1921). *The development of high-school curricula in the north central states from 1860 to 1918*. Chicago, Ill: The University of Chicago.

Townsend, C.(1873). *Analysis of Civil Government*. New York: Ivison, Blakeman, Taylor & Co.

U.S. Embassy Seoul Public Affairs Section Information Resource Center(2006). 『살아있는 미국 역사와 민주주의 문서』. 서울: U.S. Embassy Public Affairs.

일본 공민교육의 성립과 발전

-'공민과'를 중심으로-

I. 서론

1. 연구의 배경과 필요성

현재 한국 사회과는 일반사회, 지리, 역사, 도덕(윤리) 영역으로 구분되어 있다. 이들 중에서 영역의 실제 내용과 명칭이 일치하지 않는 것이 바로 일반사회이다. 지리, 역사, 도덕 등과 같이 영역의 고유 내용을 표현하는 용어들과는 달리 일반사회는 그 자체로서는 의미하는 바가 불분명하기 때문에 일반사회 영역에 대한 혼란은 지속적으로 존재해 왔다. 더구나 학교 현장에서 이를 '일사'라는 축약된 명칭으로 사용되면서 용어의 유래를 알지 못하는 현재 세대에게 '일사'는 뜻 모를 용어가 되었고 일사는 무엇을 위해 만들어졌는지도 모호한 영역이 되어 버렸다.

원래 해방 이후 사회과 도입기에 공민으로 불리던 영역을 시민교육을 위한 핵심 영역으로 강화하고자 하는 의도에서 도입된 '일반사회'라는 용어는 'General Social Studies'를 번역한 것으로 보이며 이는 선택과목과 필수과목의 차이처럼 사회과의 여러 과목들 중 필수적인 것들 또는 핵심적인 것들을 모아 만든 영역이라는 의미를 가지고 있었다. 그러나 일반사회라는 개념의 유래를 잊어버리고, 일사라는 이해할 수 없는 축약된 용어를 사용하면서 현재 일사 영역은 정치, 경제, 사문, 법 등의 학문 영역을 가르치는 것으로 단순화되어 버렸다.

우리나라 사회과에서 일반사회 영역이 차지하는 위상을 제고하기 위해서는 일반사회 영역의 모태가 되었던 공민과에 대한 이해가 필요하다. 그런데 문제는 공민과 역시 복잡성을 띠고 있다는 것이다. 우리나라 사회과의 공민과는 미국 공민과(civics)에 영향을 받은 것이지만 공민과에 대한 초기 논의는 일제시대까지 거슬러 올라간다. 일본이 서구의 공민교육 사상을 도입하여 중등학교 과정에 공민과를 개설하였고 이후 식민지 조선에도 이와 같은 공민과가 개설되었기 때문이다.

해방 이후 미군정하에 사회과가 도입되었지만 중등 영역에서는 공민, 지리, 역사의 삼분법적 토대가 유지될 수 있었던 이유도 역사나 지리뿐만 아니라 공민 영역에 대한 전통이 존재하였기 때문이다. 실제로 우리나라와 일본 모두 미군정 시기에 수신과목을 폐지하고 사회과를 도입하면서 '공민' 교육 또는 '공민과(영역)'라는 용어를 자연스럽게 사용했다는 점에서 이러한 사실을 확인할 수 있다. 따라서 일본의 식민지배하에 있었던 조선에서 공민과가 도입되는 과정 및 도입된 공민과의 특징에 대해 살펴보는 것을 통해 일제시대 식민지 조선의 공민교육과 해방 이후 우리나라 사회과 교육에서 공민 영역이 가지고 있던 위상과 의미에 대해 보다 풍부한 이해가 가능하다.

그러나 제2차 세계대전 이전 일본의 공민과 교육에 대한 연구는 상대적으로 빈약한 편이다. 일본 사회과 교육에 대한 연구들도 대부분 제2차 세계대전 이후 도입된 사회과를 연구대상으로 하고 있기 때문이다. 이혁규(2009), 곽한영(2010) 등이 제2차 세계대전 이전의 일본 공민교육에 대한 연구의 필요성을 인식하기는 했지만 우리나라 사회과에서 이에 대한 본격적인 논의는 이루어지지 않았다. 오히려 일본사를 전공한 역사학자인 김종식(2011)에 의해 일본 공민과 성립과 관련된 역사적 사실들이 상세하게 소개되었다. 그러나 김종식의 연구는 일본 공민교육의 바탕이 되었던 서양 교육사상에 대해서는 피상적으로만 다루고 있어 공민교육 자체에 대한 교육학적 분석이 부족하다는 한계를 가지고 있다.

이에 이 연구에서는 일본 사회의 내적 요인뿐만 아니라 진보주의 교육 사상에 기초한 공민교육 사상이라는 외적 요인을 함께 고려하여, 제2차 세계대전 이전의 일본 공민과 성립 및 정착 과정을 분석하고자 한다.

2. 연구문제와 연구방법

제2차 세계대전 이전의 일본 공민과 성립 및 정착 과정에 대한 이해를 위해 이 연구에서 다루고자 하는 연구 문제는 다음과 같다. 첫째, 공민과 성립 이전 일본의 공민 관련 교육은 어떤 형태로 이루어졌는가? 둘째, 일본의 학교 교육에서 공민과가 등장하게 된 요인은 무엇이었는가? 셋째, 일본 공민과는 어떠한 과정을 거쳐 학교에서 독립된 교과목으로서 지위를 가지게 되었는가? 넷째, 초기 일본 공민과의 교육적 의의와 한계는 무엇인가?

이러한 연구문제들을 해결하기 위해 이 연구가 채택하고 있는 주된 연구방법은 문헌 연구이다. 이 연구에서는 공민교육과 관련된 우리나라와 일본에서의 선행연구뿐만 아니라 일본에서 1900년대부터 1930년대에 걸쳐 공포되거나 발행되었던 교육 관련 규정 및 공민 관련 교과서, 그리고 1910년대부터 중반 이후부터 1920년대에 걸쳐 발행되었던 일본의 공민교육 관련 이론서 등을 분석 대상으로 삼고자 한다. 또한 일본 공민과 성립의 이론적 토대가 된 독일과 미국의 공민교육 사상을 다루고 있는 자료들도 함께 분석 대상으로 삼고자 한다.

II. 공민과 성립 이전의 일본 공민교육

일본 공민교육을 학교교육 목표로서 '공민교육'의 제시 또는 '공민과' 교수요강의 공포 등에서 출발점을 삼는다면 이는 1920년대 이후의 일이지만 '공민교육'이라는 용어나 개념은 그 이전부터 다양한 의미로 사용되고 있었다. 학교교육 차원에서는 공민교육의 성격을 가진 교과목들을 가르치고 있었으며, 사회교육(성인교육) 차원에서는 자치민 교육의 형태로 공민교육이 진행되었다(山崎裕美, 2008, p. 8).

1. 학교에서의 공민교육

일본의 본격적인 근대교육은 메이지유신의 결과로 1872년 학제제정이 이루어지면서부터 시작되었다. 1872년 학제에 따르면, 전국을 8

개 大學區로 나누고 하나의 大學區를 다시 32개의 中學區로, 하나의 中學區를 다시 210개의 小學區로 나누고, 小學區마다 1개의 소학교를 건설하도록 하였다(김경혜, 2011, p. 162).

학제 제정을 통해 소학교, 중학교가 설립되면서 학교 교육에서도 공민 관련 교과목들이 나타났다. 물론 천황제하에서 그리고 근대국가로의 발전 초기라는 점을 감안한다면 현대적인 의미의 주권자 또는 사회구성원으로서의 '공민'이라는 개념이 형성되지 않았던 시기이기 때문에 엄격한 의미에서의 공민교육은 나타나지 않았다고 볼 수 있지만 정치·경제·법 등의 영역에 대한 지식을 다루는 공민 관련 교과목들은 존재하였다.

1872년 학제 기준으로 소학교는 각 4년의 하등 소학교와 상등 소학교로, 중학교는 각 3년의 하등 중학교와 상등 중학교로 구성되어 있었다. 이 중 하등 소학교에서는 국체(國體), 상등 소학교에서는 정체대의(政體大意), 하등 중학교에서는 국체학(國體學), 정체대의(政體大意), 국세학대의(國勢學大意), 상등 중학교에서는 경제학(經濟學)이 공민 관련 교과목으로서 성격을 가지고 있었다(千葉敬止, 1926, p. 2).

그러나 소학교 건설비 및 운영경비 조달의 문제로 인해 1873년 설립된 소학교는 전국적으로 1만 2,558개에 그쳤고, 취학률도 매우 낮았다. 이러한 상황을 개선하기 위해 일본 정부는 1879년 학제를 폐지하고 교육령을 제정하였다. 이 교육령에 따라 소학교는 초등 3년, 중등 3년, 고등 2년의 과정으로 바뀌었고, 중학교는 초등 4년과 고등 2년의 과정으로 바뀌었다(김경혜, 2011. p. 162).

소학교의 고등과 교과목으로는 남자는 경제, 여자는 가사경제대의(家事經濟大意)가 처음으로 도입되었으며, 경우에 따라서는 농업, 공업,

상업도 개설할 수 있었다. 중학교 교과로는 초등 중학교 교과목에 경제가, 고등중학교에는 본방법령(本邦法令: 우리나라의 법령)이 추가되었다(千葉敬止, 1926. p. 3).

그러나 메이지 초기의 공민 관련 교과목들은 1886년 기존의 교육령을 대체하는 학교령(제국대학령, 소학교령, 중학교령, 사범학교령 등)이 공표되면서 갑자기 사라지게 된다(森部英生, 1978. p. 110). 이러한 변화는 공민 관련 교과목들을 제대로 가르치지 못하고 있는 학교들이 많았기 때문이기도 하지만 기본적으로는 당시 있었던 자유민권운동, 국회개설운동 등과 같은 정치적 상황 때문이다. 자유민권 사상의 성장에 위기감을 느낀 메이지 정부는 1869년 신문지 조례를 만드는 등 비판 세력에 대한 적극적인 견제 정책을 실시하였다. 이와 함께 대중 집회에서의 학술연설이나 학생의 정치적 집회나 결사의 자유를 금지하고, 정치문제에 대한 강연이나 토론을 금지하고 학교 교원의 정치 관여를 금지하는 등 정치와 교육을 분리시키려는 정책을 실시하였다(千葉敬止, 1926. p. 3). 즉, 국회 개설이라는 자유 민권운동의 정치적 영향력을 실감한 일본 정부는 학교 교육에서 정치교육(공민교육)을 배제하는 정책을 취하였고 그 결과 초기 공민 관련 교과목들이 학교 교육에서 사라진 것이다. 실제로 <표 2-1>에서도 알 수 있듯이 1886년 학교령에서 공민 관련 과목들은 사라지고 지리·역사 등만 남았다.

<표 2-1> 심상중학교 학과 시수 배당표(1886년 문부성령 14호)

	1학년	2학년	3학년	4학년	5학년
윤리	1	1	1	1	1
국어 · 한문	5	5	5	3	2
제1외국어	6	6	7	5	5
제2외국어				4	3
지리	1	2	2	1	
역사	1	1	2	1	2
수학	4	4	4	4	3
박물	1		2		3
물리	1				3
화학				2	
습자	2	1			
도화	2	2	2	2	1
창가	2	2			
체조		3	3	5	5

  그러나 정부의 억압에도 불구하고 자유민권운동은 계속되었고 드디어 1889년 메이지천황은 대일본제국헌법을 공포하였다. 그 결과 1890년 최초의 중의원 선거를 통해 의회가 개설되었다. 그러나 일정한 세금을 내는 25세 이상의 남자에게만 선거권이 있었기 때문에, 투표권자는 국민의 1.1% 정도에 불과하였다(송석윤, 2005. p. 37). 국회 개설과 함께 1890년 10월에는 다음과 같은 교육칙어가 반포되었다.

  짐이 생각건대, 나의 황조황종께서 널리 나라를 세웠고 깊고 두텁게 덕을 베풀었다. 나의 신민들은 마땅히 충효를 다해야 하고 모든 사람이 한마음으로 대대로 아름다움을 이루어야 한다. 이는 우리 국체의 정화이며 교육의 연원은 바로 여기에 있다. 신민들은 부모에 효하고, 형제간에 우애하며 부부가 화목하고 친구는 서로 믿으며, 공검하게 자신을 지키고 이웃을 박애하며 학문을 닦고 기예를 배우며 지능을 계발하고 덕을 이루고 공익을 넓히며 국헌을 존중하고 국법을 준수하여야 한다. 위급할 때에는 스스로 몸을 바쳐 천지간의 무궁한 황운을 부익해야 한다. 이렇게 할 때 짐의 충량한 신민이 될 수 있으며 선조의 유풍을 현창하게 된다. 이러한 도리는 실로 황조황종의 유훈으로서 자손과 신민이 모두 준수해야 할 바이며 고금을 통해 그르치지 않고 이를 세상에 펼쳐 어긋남이 없는 것이다. 짐은 그대들 신민과 함께 진심으로 한 시도 잊지 않고 그 덕을 하나로 하기를 바란다.

자유민권운동의 결과, 헌법이 제정되고 선거를 통한 국회 개설과 교육칙어의 반포로 인해 일본 정부 차원에서 정치교육의 필요성에 대한 공감대가 형성되었다. 그 결과 1898년 학교의 정치적 중립을 요구하던 여러 금지령들이 폐지되었고 1899년에는 중학교령과 실업학교령 등을 개정하여 공민관련 과목을 개설할 수 있도록 허용되었다. 중학교에서는 '법제경제(法制經濟)' 과목을 선택적으로 개설할 수 있게 되었으며, 실업학교에서는 경제 과목이 추가되었고 법제 과목도 선택적으로 추가할 수 있게 되었다(千葉敬止, 1926. p. 3).[7] 자유민권운동에 대한 견제를 위해 사라졌던 공민교육 관련 과목들이 '법제경제' 관련 과목들을 중심으로 부활한 것이다. 참고로 이 시기 사용되었던 持地六三郎이 저술한 『法制及經濟 附・硏究法』(1903)의 목차는 <표 2-2>와 같다.

---

7) 1901년에는 중학교령(과 사범학교령)의 시행세칙에 '法制及經濟(법제경제)'를 5학년에 주당 3시간으로 설정하였다. 그러나 외국어 역사 지리 등으로 변경 가능하였다(文部省, 学制 百年史, http://www.mext.go.jp).

<표 2-2> 法制及經濟 附·硏究法(1903)의 목차

법제과	경제과
1장 법제경제와 도덕국가	1장 경제의 주요 개념
2장 국체와 정체	2장 국민경제발달의 순서
3장 천황: 황위 계승. 섭정	3장 생산의 의의
4장 신민: 국적. 신민의 권리의무	4장 생산의 요소
5장 국무대신과 추밀고문	5장 산업의 조직
6장 제국의회	6장 교역
7장 사법재판소	7장 분배
8장 행정: 외무행정. 내무행정. 군사행정	8장 소비
9장 조약	9장 경제학의 정의와 분야(부문)
10장 민법	10장 경제학과 다른 학문과의 관계
	11장 경제학의 연구방법
	12장 결론

2. 사회에서의 공민교육

일본의 명치헌법체계에서 '공민'은 시정촌제(市町村制)하의 자치단체 주민을 가리키는 용어였다. 그렇기 때문에 공민과 공민교육은 지방자치단체의 주민과 주민교육을 의미하였다.

1888년 근대적인 '시정촌법'이 제정되어 다음 해부터 시행되었는데, '시정촌법'의 조문에 법률용어로서 공민이 등장한다. 이 법에 따르면 공민이 시정촌에서 제국 신민으로서 독립적으로 생계를 유지하는 연령 25세 이상의 남자로서 일정한 거주 기간과 세금(직접세) 납부 등의 자격 요건을 갖춘 사람임을 알 수 있다(敎育新潮硏究會, 1924, pp. 5-6). 따라서 시정촌의 '공민'에 대한 교육은 지방자치를 위한 교육 그리고 성인에 대한 사회교육으로서의 의미를 가지게 된다.

시정촌의 공민에 대한 교육이 본격적으로 실시된 것은 러일전쟁 이후 내무성 주도로 지방개량운동이 시작되면서부터이다. 지방개량운동은 다음과 같은 두 가지 이유에서 비롯되었다고 할 수 있다.

첫째, 내무성은 지방개량운동을 통해 기초자치단체인 정촌(町村)의 행정과 재정을 정비하고자 하였다. 1905년 러일전쟁은 일본의 승리로 끝났지만, 러시아로부터 배상금을 받지 못해 재정적인 어려움을 겪게 된 일본 정부는 대대적인 증세와 경비지출 감축을 실시하였다. 증세와 경비지출 감축에 따른 불만을 무마하기 위하여 내무성이 채택한 정책이 지방개량운동이다(김종식, 2011, p. 230).

둘째, 내무성은 지방개량운동을 통해 국민동원 체제를 구축하고자 하였다. 러일전쟁은 일종의 총력전의 성격을 띠었으며 이 과정에서 후방에서의 후원이나 봉사활동 등의 지원 노력이 활발하게 나타나면서 내무성에서는 지속적이고 일상적인 국민동원체제를 구축하기 위해 지방개량운동을 전개하였다(김종식, 2005, p. 196).

내무성에서 추진하였던 지방개량운동에서 핵심적인 역할을 담당한 단체가 청년단체(청년회)이다. 청년은 지방개량운동에서 사업의 주체이었을 뿐만 아니라 시정촌의 '공민'으로서 교육의 대상이기도 하였다. 지방개량운동은 시정촌의 문제 해결 및 사회발전을 위한 사회운동이었을 뿐만 아니라 지방자치를 위한 공민교육, 즉 자치민교육(自治民教育)으로서의 성격도 가지고 있었다. 따라서 지방개량운동의 원활한 진행을 위해 청년을 대상으로 한 교육이 필요하였다(김종식, 2005, p. 196).

지방개량운동과 자치민 교육의 관계는 강습회 및 정부 훈령 등에서 확인할 수 있다. 지방개량운동의 확산을 위해 개최한 강습회 등에서도 "청년에게 유권자로서의 자질을 교육할 것"과 청년단체의 성격을 청년의 '자습적 보습교육단체'로 하고 보습교육을 통해 "실업을 가지고 독립자영의 생활을 영위하는, 지방의 공민"이 주요 내용으로 다루어졌다. 또한 1915년 내무성과 문부성 훈령에서는 "원래 청년단체는 청년수양의 기관이고 청년으로 하여금 건전한 국민, 선량한 공민이 될 소양을 얻게 하는 데 있다."라는 내용이 제시되고 있다(김종식, 2011, pp. 232-233).

이와 같은 자치민 교육 및 성인 교육으로서 공민교육의 성격은 다음과 같이 1916년에 발행된 청년공민독본의 목차에서도 확인된다(千葉敬止, 1926, p. 17) 이를 통해 공민교육의 성격이 시정촌제에서 투표권을 가진 '공민'에 대한 사회교육이었음을 알 수 있다.

<표 2-3> 1916년에 발행된 청년공민독본의 목차

시정촌의 현황
나와 향리(鄕里)
헌법과 자치제
자치심과 자치제
공민의 자격
공민의 의무
자치 강화회(講話會)
제국의회와 지방의회
선거에 임하는 마음가짐(心得)
투표에 임하는 마음가짐(心得)
시정촌회 의원의 마음가짐(心得) 1
시정촌회 의원의 마음가짐(心得) 2
지방자치단체의 경비
지방세
납세의 의무
기본재산의 조성
예산과 결산
문화생활
청년단과 제국재향군인회
사상문제
우리들의 각오

---

3. 공민과 성립 이전 공민교육의 문제점

앞에서 살펴본 바와 같이, 공민과의 성립 이전에도 공민교육은 존재하였다. 그러나 초기 일본의 공민교육은 '공민'의 개념 및 대상 그리고 교육내용 등에 있어 다음과 같은 문제점을 지니고 있다.

첫째, 공민의 개념에 대한 혼란이다. 공민 개념이 좁은 의미에서는 '정촌'이라는 지방 행정구역의 자치활동에 참여할 수 있는 자격(주로 경제적 독립)과 관련된 법률적인 개념으로 사용되었지만 넓은 의미에서는 국민 또는 신민과 유사하게 '정촌'이 아닌 일본이라는 국가 차원에서 통용될 수 있는 차원으로 사용되기도 하였다. 학교 교육의 대상이 되는 미래의 공민은 넓은 의미에 가까운 것이고 사회교육의 대상이 되는 현재의 공민은 좁은 의미의 법률적 공민이었던 것이다.

둘째, 공민의 지위가 특정 계층에게만 부여되고 있었다. 천황제라는 일본의 정치 체제의 특수성으로 인해 일본에서는 모든 사람들이 공민으로 인정받지 못하였다. 이 시기 일본의 공민은 미래에 중앙정부 또는 의원 선거 등에서 참정권을 가질 수 있을 것이라고 예상되는 소수의 엘리트 또는 지방자치에 참여할 수 있는 자격을 갖춘 법률적 의미의 공민이었다.

셋째, 공민교육의 내용이 가지는 문제점이다. 공민의 지위가 제한됨에 따라 교육 내용 또한 제한적으로 제시될 수밖에 없었다. 학교 교육에서는 미래의 공민에게 필요한 중앙정부 차원의 정치제도 및 정부기구 등과 관련된 내용, 그리고 정치적 참정권의 기본 조건인 경제적 자립을 유지하기 위해 필요한 경제 관련 내용들이 '법제경제'에서 다루어졌다. 반면 자치민 교육 차원에서 이루어진 공민교육에서는 자치제도와 관련된 내용들이 중심이 되고 있었다.

Ⅲ. 일본 공민과의 성립 배경

일본에서 국민이나 신민 교육과 동일시되거나, 참정권을 가질 것을 예상되는 소수의 엘리트를 위한 정치 교육, 그리고 성인 교육 차원에서의 자치민 교육이라는 의미로 사용되던 공민교육에 변화가 나타난 것은 제1차 세계대전 이후이다. 1차 세계대전의 종전 이후 나타난 경제적·정치적 변화에 따라 공민교육의 필요성이 증대되었고, 이를 뒷받침할 수 있는 미국과 독일의 공민교육 사상이 일본에 유입되기 시작하였다.

1. 사회경제적 배경: 공황과 사회적 불안

일본은 제1차 세계대전에서 영불 연합군 측에 가담했다. 그러나 전쟁 수행 과정에서 엄청난 피해를 겪어야만 했던 유럽의 국가들과는 달리 일본은 별다른 피해 없이 전쟁을 마칠 수 있었다. 오히려 제1차 세계대전 중 유럽의 국가들이 아시아 시장에서 철수하게 되어 일본의 상품이 동남아시아 시장에 진출이 손쉽게 이루어졌으며, 그 결과 일본의 경제력은 세계적인 수준으로 성장하게 되었다(송석윤, 2005, pp. 31-32).

그러나 1차 세계대전 이후 호경기가 끝나면서 경제공황이 찾아왔다. 1920년부터 시작된 공황은 이전 호경기에 대한 반작용의 성격을 가지고 있다고 해서 '반동 공황'으로, 1923년 관동 대지진으로 인한 공황은 지진 재해로 인해 발생하였다고 해서 '진재 공황'으로, 그리고 1927년 발생한 금융 공황은 昭和 2년에 발생했다고 해서 '昭和 공황'으로 불린다. 이처럼 연이은 공황으로 인해 1920년대 일본의 경제성장률(GNP 기준)은 평균 2.1%로, 1910년대의 4.3%에 비교해볼 때 절반 수준으로 떨어졌다(정진성, 1999, p. 155; 하종문, 2009, p. 133).

이와 같은 경제공황의 여파로 소작쟁의와 노동운동이 폭발적으로 증가하였고, 생활고에 대한 개선 요구가 증가하였다. 경제공항에서 시작된 사회불안으로 인해 강연회와 같은 교화만으로는 사회문제에 대한 해결이 어려워졌고, 이에 따라 공민교육의 필요성에 대한 공감대가 형성되기 시작하였다. 국가에의 귀속 의식을 내면화하고, 철저한 사회적 지식을 가진 공민 양성을 위한 사회적 요구가 나타났다(山崎裕美, 2008, p. 366).

2. 정치적 배경: 보통선거의 요구와 정치의식의 성장

쌀소동 사건[8]으로 1918년 9월 정우회(政友會)의 총재인 하라 다카시(原敬)를 수상으로 하는 정당내각이 들어서는 계기가 되었다. 이는 작위도 없고 중의원의 의석을 지닌 정당의 총재가 수상이 된 이른바 평민재상의 출현이었다. 이를 계기로 정당 정치가 확립되고 보통선거에 대한 요구가 확대되었다. 이러한 사회적 요구를 반영하여 1919년

---

8) 일본은 러시아의 반혁명세력을 지원하기 위해 1918년 시베리아로 군대를 파견하였다. 그런데 시베리아 출병을 예상한 지주들이 쌀을 매점매석하고 그로 인해 쌀값이 폭등하자 주부들이 쌀값의 인하를 요구하고 이것이 전국적인 소요사태로 확산되었던 것이다. 미곡상, 정미소, 고리대금업자 등이 습격을 당하고 노동자와 소작인이 대우 개선과 소작료 인하를 요구하며 합세하였다. 이러한 소요사태는 군대가 동원되어 겨우 진압될 수 있었다(송석윤, 2005, p. 32).

에는 납세자격의 기준을 낮아졌으며, 소선거구제가 도입되는 등 부분적인 제도 개혁이 이루어졌다(송석윤, 2005, p. 32).

그러나 1920년 야당의 주도로 중의원에 보통선거법안이 제출되었지만 여당인 정우회 측은 보통선거법안을 의회의 신임과 연결하여 의회를 해산하고 총선거를 실시하였다. 선거결과 정우회가 압승하면서 보통선거 운동은 주춤할 수밖에 없었다. 1921년 하라 수상이 암살당하면서 정당 정치는 퇴행하였고 1922년부터는 전문관료들로 조직된 관료내각이 부활되었다(송석윤, 2005, pp. 32-33).

보통선거에 대한 요구가 다시금 힘을 얻게 된 계기는 1924년 기요우라 게이고(清浦奎吾)를 수상으로 하는 관료내각의 출범이었다. 반동적 성격의 관료 내각이 출범하면서 정당 정치를 주장하던 세력들은 이에 반발하여 연합하였고 정당 내각을 요구하는 동시에 보통선거제의 도입에도 적극적인 태도를 보였다. 이후 1924년 5월의 선거에서 정당 내각을 주장하던 세력들이 승리하면서 보통선거제도의 도입이 본격화되었다(송석윤, 2005, pp. 33-36).

1925년 보통선거법이 공포되면서 일정 액수 이상의 세금을 내는 신민에 국한되어 있던 투표권은 25세 이상의 성인남성 모두에게 부여되었다. 그러나 성별, 연령, 재산 및 거주 기간에 따른 제한은 여전히 존재하였다. 여성과 25세 이하의 젊은 층에게는 투표권이 부여되지 않았으며, 공적 및 사적 복지 혜택을 받는 25세 이상의 성인남성과 한 거주지역에 1년 이상 거주하지 않는 사람들 역시 투표권 행사에 제한을 받았다. 25세 이상의 남성 보통선거권이 도입됨으로써 보통선거법 제정 이전인 1924년에 330만(전체인구의 6%)이던 유권자가 보통선거가 최초로 시행된 1928년에는 1,240만(전체인구의 21%)으로

약 3.5배 정도 증가하였다(송석윤, 2005, p. 37).

보통선거제의 도입 과정에서 나타난 정치적 변화 및 보통선거제 도입에 따른 참정권 확대는 공민교육에 대한 관심의 증대를 가져왔다. 보통선거제의 도입을 통해 나타날 수 있는 사회 불안을 극복하고 이를 국가 발전 또는 문화적 진보의 원동력으로 삼을 수 있는 효과적인 방안이 공민교육으로 인식되었기 때문이다(木村正義, 1925, pp. 5-8).

3. 교육사상적 배경: 서구 교육사조의 유입

경제공황으로 인한 사회문제의 발생과 보통선거의 실시에 따른 정당 정치의 확립(참정권 확대)으로 인해 체계적인 학교 공민교육의 필요성에 대한 요구가 증대된 상황에서 이를 뒷받침하여 학교 공민교육의 목표와 내용에 대한 논거를 제시한 것은 서구의 교육사상이었다.

서구의 교육사상 중 공민과 성립에 직접적인 영향을 미친 것은 독일의 케르셴슈타이너(Georg Kerschensteiner)와 미국의 던(Arthur Dunn)이었다. 이들은 모두 아동 중심, 실천 중심의 듀이(John Dewey)의 교육사상에 기초하고 있다는 점에서 공통점을 가지고 있었다.[9]

1) 케르셴슈타이너의 공민교육 사상

1915년 발간된 카와모토 우노스케(川本宇之介) 책에서는 케르셴슈타이너의 주장을 주로 인용하여 공민교육의 필요성을 경제교육, 직업

---

[9] 케르셴슈타이너는 듀이의 교육사상을 독일에 소개한 학자로도 유명하다. 또한 던은 1907년에 발간한 공동체와 시민의 서문에서 듀이로부터 받은 영향에 대해 상세히 서술할 정도로 듀이의 교육사상의 전통을 계승하고 있다.

교육, 입헌국 국민교육, 자치 공민교육 등에서 찾고 있다. 나아가 공민교육의 개념을 단순한 공민 관련 지식의 전달이나 경제 및 실업 교육 또는 정치 교육보다 큰 범주로 설정하고 있다(川本宇之介, 1915, pp. 243-255). 또한 1916년에는 케르셴슈타이너의 여러 저작들이 『公民教育及補習教育論』이라는 제목으로 발췌, 번역되어 일본 공민교육 사상가들에게 큰 영향을 주었다.

케르셴슈타이너는 학교라는 공동체 속에서 함양하는 공민적 자질은 지역사회나 국가 등과 같은 보다 큰 공동체에서도 그 효과를 발휘하게 되며 이러한 논리에 의해 학교에서의 공민교육은 세계시민(공민) 교육과 연관을 가지게 된다고 주장하였다. 이와 같이 케르셴슈타이너가 강조하였던 공민교육은 공민으로서 필요한 지식만을 강조하는 훈련 또는 훈육이 아니었다. 케르셴슈타이너가 강조한 공민교육은 성실, 정직, 인내, 근면, 창조 과정에서의 기쁨과 직업적인 유능함, 그리고 기본적인 시민적 덕성을 함양시키는 것이며, 이를 통해 도덕적 용기와 책임을 갖도록 하는 교육을 의미하였다. 케르셴슈타이너가 강조한 공민교육의 과제는 다음과 같다. 첫째, 학생들은 학생모임과 노작활동을 통하여 공동체에 대한 봉사와 의무 수행, 자기희생과 공동체의 발전을 위한 노력에 대해 배워야 한다. 둘째, 학생들은 다양한 공동작업을 통하여 현대 국가에서 요구되는 자유에 따른 책임에 대해 배워야 한다. 셋째, 학생들은 도덕국가·문화국가·정의국가의 이상을 향한 도덕적 이념에 대해 배워야 한다. 이러한 공민교육의 과제를 해결하기 위하여 케르셴슈타이너는 노작활동 속에서 공동체성을 강조하였고, 이에 따라 노작공동체를 지향하는 교육원리가 공민교육의 중요한 방법적 원리로 자리 잡게 되었던 것이다(이병욱, 2003, p. 68-73).

2) 던의 공민교육 사상

1925년 발간된 카와모토 우노스케(川本宇之介)의 "公民科教授の新硏究"에서는 미국의 Community Civics에 대한 논의를 인용하여 공민교육의 목표를 제시하고 있을 뿐만 아니라, 힐(Howard Hill)이 1923년 『Historical Outlook』에 게재한 "The New Civics"를 번역하여 소개함으로써 던을 중심으로 진행되었던 구공민과 신공민의 차이점에 대한 논의를 소개하고 있다(川本宇之介, 1925, pp. 16-48).[10]

던은 공화주의적 전통에 따라 참정권을 갖춘 미래의 시민을 대비하기 위해 제시되었던 구공민에서 벗어나 아동들이 사회의 구성원으로서 경험하는 다양한 생활에 대해 이해라고 관련 문제를 능동적으로 해결할 수 있도록 새로운 공민교육, 즉 신공민을 주장하였다. 던이 주장한 신공민으로서 공동체 공민의 특징은 다음과 같다(Reuben, 1997, pp. 403-405; 차조일, 2008, pp. 89-90에서 재인용).

첫째, 공동체 공민에서는 기존의 공민 과목과는 달리 시민의 개념을 확대하여 바라보고 있다. 즉, 투표권을 가진 백인 성인남성을 중심으로 생각되던 시민의 개념이 인종과 연령의 벽을 넘어 확대된 것이다. 이러한 그의 관점에서는 학생들도 '미래의 시민'이 아닌 '현재의 시민'으로서 인식되었다. 그 결과 시민의 개념은 투표권의 소유 여부를 중심으로 한 정치적인 개념에서 추상적이고 문화적인 개념으로 변화하였다.

둘째, 공동체 공민에서는 기존 공민 과목에서 사용된 주입식 교수법 대신 다양한 교수-학습 방법들을 제시하였다. 다양한 교수기법들

---

10) 케르셴슈타이너는 자신의 저서에서 던의 "공동체와 시민(1907)"을 읽고 큰 감명을 받았고 이 책을 주위 사람들에게 권유하였음을 기술하고 있다(Kerschensteiner, 1911, p. 15).

이 사용된 이유는 기존에 사용되던 교수-학습 방법인 주입과 암기를 통해서는 사회적·정치적 문제에 대해 심사숙고할 시민을 양성할 수 없기 때문이었다. 공동체 공민을 통해 다양한 교수-학습 방법들이 제시되었지만 이들의 공통적인 전제는 '행하면서 배운다(Learning by Doing)'였다.

셋째, 공동체 공민과 기존 공민과목은 교육내용에 있어서도 큰 차이를 보였다. 정부 조직을 중심 내용으로 한 기존 공민과는 달리 공동체 공민에서는 공동체의 복지를 위해 정부가 제공하는 서비스가 강조되었다. 이를 위해 공동체 공민에서는 공동체의 복지를 위한 구성요소들이 구체적으로 제시되었다. 던이 제시한 복지의 구성요소들은 건강, 재산과 생명의 보호, 레크리에이션(recreation), 교육, 도시미관, 경제적 번영, 통신, 교통, 이주(migration), 자선사업, 교정업무(correction) 등이다.

넷째, 공동체 공민은 기존 공민과는 달리 지역공동체를 강조하였다. 연방정부나 주정부 차원의 추상적인 정체체제를 강조하였던 기존의 공민 과목과는 달리 공동체 공민에서는 학생들의 현실생활과 직접 관련을 가지는 지역공동체(local community)를 강조한 것이다. 공동체 공민에서 지역공동체를 강조한 이유는 학생들이 기본적인 복지서비스를 직접 제공해주는 지역공동체에 대한 참여를 통해 여러 지식과 기능을 습득하고 익힐 수 있으며 이에 기초하여 보다 확대된 공동체에서도 시민으로서의 역할을 훌륭히 수행할 수 있다고 보았기 때문이다.

Ⅳ. 일본 공민과의 성립과 정착

　1910년대까지 학교 교육 차원에서는 '법제경제' 과목을 중심으로
사회교육 차원에서는 자치민 교육을 중심으로 진행되던 일본의 공민
교육은 1920년대 이후 중등학교 교과목에 공민과를 설치하면서 새로
운 전기를 맞이하게 되었다. 공민과는 '공민심득' 관련 내용을 다루던
후기 수신과로부터 출발하여 1924년 교수요강의 공포로 학교 교과목
으로서 법적 근거를 가지게 되었다. 이후 1930~1932년 사이에 실업
학교와 중등학교에서 필수 교과로 지정되면서 학교 교육에서 그 영
향력을 확대해 나갔다.

1. 일본 공민과의 성립

　독립된 교과목으로서 공민과의 등장은 1920년대 초반에 여러 과정
을 거쳐 이루어졌다. 우선 공민과가 독립된 과목으로서 지위를 가지
기 위해서는 '수신' 과목이나 '법과 경제'로부터 분리되는 과정이 필
요하였다.

1) 실업보습학교 규정의 개정
　'공민교육'이 학교 교육의 목표로서 공식적으로 등장하기 시작한
것은 1920년이다. 12월 17일 실업보습학교 규정이 다음과 같이 개정
되면서 직업교육과 공민교육이 실업보습학교의 목표가 되었다(김종
식, 2011, p. 240).

제1조 실업보습학교는 소학교 교과를 마치고 직업에 종사하는 자가 직업에 관한 지식 기능을 배우면서, 국민생활에 필수적인 교육을 받는 것을 본래 취지(本旨)로 한다.
제5조 실업보습학교의 학과목은 전기(前期)에서는 수신, 국어, 이과 및 직업에 관한 학과목으로 하고, 후기(後期)에서는 수신, 국어, 수학 및 직업에 관한 학과목으로 한다. (중략) 필요에 따라 역사, 지리, 체조, 법제, 경제, 부기, 외국어, 그 외 학과목으로 적당히 선택하여 이를 추가 설치할 수 있다.
제8조 실업보습학교에서는 적당한 학과목에서 법제상의 지식, 그 외 국민·공민으로서의 심득해야 할 사항을 배우고 또한 경제관념의 양성에 힘쓸 것을 필요로 한다.

이후 1922년 2월 '실업보습학과 과정에 관한 건'이라는 통첩을 통해 실업보습학교의 교육과정에서 공민교육은 더욱 구체화되었다. 이 통첩에 따르면 남학생의 경우에는 후기 수신의 내용이 공민심득으로 되었다. 여자의 경우에도 후기 수신의 경우 도덕의 취지, 작법(作法: 글쓰기), 공민심득으로 되었다(김종식, 2011, p. 242).

참고로 공민 심득은 영어의 Citizenship을 번역한 용어이며,[11] 후기 수신과의 경우 공민 심득의 내용을 주로 다루고 있기 때문에 공민과의 원형으로 볼 수 있다. 독립된 형태의 교과목으로서 공민과가 인정된 것은 아니지만 법이나 경제에 대한 지식이 아닌 시민으로서의 자질을 학교 공민교육의 핵심으로 삼기 시작하였다는, 이전의 공민교육과는 차별화되는 새로운 공민교육으로서의 특징을 가지고 있다고 볼 수 있다.

---

11) 真野文二는 1911年 11月 『帝国農会報』에 기고한 "実業補習教育の調査に就て"라는 글에서 공민 심득이라는 용어의 유래에 대해 다음과 같이 설명하고 있다. "지금까지 수신과목 속에서 가르쳤지만, 이것에서 한발 더 나아가 국민으로서의 의무라든가, 시정촌민의 의무라는 법제의 대요(大要)를 가르치는 것이 필요하지 않을까, 즉 시티즌십(citizenship)과 같은 의미의 적당한 단어가 없기에 국민시정촌민의 심득이라고 했다(김종식, 2011, p. 231)."

2) 공민교육조사위원회

1922년 12월 공민과 교수요목 제정을 위한 공민교육조사위원회가 설치되었다. "공민교육조사위원회"의 위원은 관립(공립)과 사립의 대학 교원, 실업학교 교장, 사범학교 교원, 시학(視学), 문부관료, 내무관료, 행정관료, 실업가, 협조회 이사 등으로 구성되었다. 위원회의 작업은 문부성이 제출한 원안을 심의하는 것이었다. 이러한 논의를 거쳐 1924년 10월 실업보습학교 공민과 교수요강이 공포되었다. 교수요강의 발표를 계기로 공민과는 구체적인 교육 내용을 확정하여 독립된 학교 교과목으로서의 위상을 가지게 되었다(武藤拓也, 1994, p. 163).

3) 공민과 교수요강

문부성의 초안을 바탕으로 공민교육조사위원회의 심의를 거쳐 1924년 공포된 농촌용 및 도시용 실업보습학교 공민과 교수요강의 개요는 <표 2-4> 및 <표 2-5>와 같다(惺山彌榮藏, 1924).

<표 2-4> 실업보습학교 공민과 교수요강 개요(농촌용)

1학년	2학년	3학년
第一課 인간과 사회	第一課 우리 정촌	第一課 우리나라
第二課 우리 가족	第二課 정촌의 자치	第二課 천황
第三課 친자(親子)	第三課 공민	第三課 신민·영토
第四課 가족	第四課 의원의 선거	第四課 입헌정치
第五課 호적상속	第五課 정촌회	第五課 제국의회
第六課 재산	第六課 정촌사무소	第六課 국무대신·추밀고문
第七課 직업	第七課 정촌의 재정	第七課 행정관청
第八課 생산	第八課 정촌의 재산	第八課 국법
第九課 가족의 생계	第九課 조세	第九課 재판소
第十課 보건과 위생	第十課 산업조합	第十課 국방
第十一課 경찰	第十一課 금융	第十一課 국교(國交)
第十二課 신사·종교	第十二課 농회(農會)	第十二課 교통
第十三課 교육	第十三課 농촌의 개발	第十三課 우리나라의 산업
第十四課 농촌과 청년	第十四課 부현의 행정	第十四課 사회개선
第十五課 우리 향토	第十五課 우리 부현	第十五課 세계와 일본

<表 2-5> 실업보습학교 공민과 교수요강 개요(도시용)

1학년	2학년
第一課 인간과 사회	第一課 우리나라
第二課 우리 가족	第二課 천황
第三課 친자(親子)	第三課 신민 · 영토
第四課 친족	第四課 입헌정치
第五課 호족 · 상속	第五課 제국의회
第六課 재산	第六課 국무대신 · 추밀고문
第七課 산업	第七課 행정관청
第八課 생산	第八課 국법
第九課 가족의 생계	第九課 재판소
第十課 보건과 위생	第十課 경찰
第十一課 신사와 종교	第十一課 도시생활
第十二課 교육	第十二課 도시계획
第十三課 도시와 청년	第十三課 상업
第十四課 우리 도시	第十四課 공업
第十五課 시의 자치	第十五課 금융
第十六課 의원의 선거	第十六課 교통
第十七課 시회(市會) · 시참사회(市參事會)	第十七課 우리나라의 산업
第十八課 시청	第十八課 국방
第十九課 시의 재정	第十九課 국교(國交)
第二十課 조세	第二十課 사회개선
第二十一課 우리의 부현	第二十一課 세계와 일본

이와 같은 교수요강은 문부성에 의해 제시된 원안과 비교해볼 때 다음과 같은 특징을 가지고 있다(武藤拓也, 1994, p. 172).

첫째, 개인과 사회의 관계에 대한 강조이다. 1학년 1과에 인간과 사회를 둔 것은 개인의 독립성과 평등에 대한 관념을 함양하기 위한 것이었다. 개인과 사회와의 관계를 명료하게 의식하여 현재의 사회문제 해결에 사회의 발달에 문화의 진전을 위해 노력할 수 있는 공민을 양성하기 위한 것이었다.

둘째, 지방자치에 대한 강조이다. 이는 1920년 시제도 및 정촌제도에 대한 개정을 통해 시정촌 공민의 자격 요건에서 국세납부 요건이 철폐되면서 나타난 참정권를 비롯한 여러 가지 사회적 변화를 반영하기 위한 것으로 볼 수 있다.

셋째, 정당과 선거에 대한 강조이다. 이는 당시 진행되고 있던 보통선거에 대한 사회적 요구들을 반영하고 있다.

넷째, 사상문제와 사회문제에 대한 강조이다. 이는 러시아식 사회주의의 위험성을 알리고 온건한 영국식 사회주의 사상에 대한 내용을 가르치기 위한 것이었으며, 사회문제에서는 산업 발달에 따른 계급의식의 성장을 반영한 것이었다.

다섯째, 세계와 일본의 관계에 대한 강조이다. 이는 1차 세계대전 이후 국제연맹의 성립과 함께 세계적인 차원의 민주주의 발전 등을 반영한 것이다.

2. 일본 공민과의 정착

1924년 교수요강의 발표로 공민과는 수신과는 다른 독립된 학교교과목으로서 지위와 구체적인 교수 내용을 갖추게 되었다. 그러나 이는 실업보습학교에 국한된 것이었으며 또한 선택과목으로 지위만을 가지고 있을 뿐이다. 공민과는 실업보습학교에서 필수과목으로 지정되지 않았음에도 불구하고 많은 학교에서 채택되었다.[12]

요강 공포 이후 문부성은 공민교육 강습회를 개최하고 요강의 편제와 취지를 설명하고 폭넓은 참고자료를 제시하는 등의 노력을 기울였고, 이로 인해 공민교육에 대한 관심이 증대되었다. 1925년 중등교육회 주최로 열린 전국 중등학교 수신훈육협의회에서도 중등학교

---

12) 직접적인 수치를 알기는 어렵지만 교원양성소의 80%가 공민과를 개설하였다는 점에서 학교 현장에서 공민과의 채택이 빠른 속도로 확산되었을 것임을 짐작할 수 있다(武藤拓也, 1992, p. 176).

공민교육 방안에 대한 협의안이 제출되는 등 교육계에서의 관심도 증대되었고, 1925년 보통선거제 도입으로 인해 선거권이 확대되면서 실업보습학교에 한정되었던 공민과에 대한 사회적 관심도 높아졌다 (千葉敬止, 1926, p. 25).

이러한 배경에서 문부성은 중등교육에 공민과를 도입하는 문제에 대해 1928년 9월 '문정심의회'의 자문을 요청하였고 1929년 6월 답신에서 공민과 설치에 대한 제안을 받게 된다. 이는 중학교 진학 학생들이 급증하고 있는 상황에서 상급학교 진학을 위한 소수의 수험생 교육이 아닌 고등보통교육으로서의 전환을 의도한 것으로 파악된다 (山崎裕美, 2008, p. 386).

이러한 노력의 결과 1930년 실업학교, 1931년 중학교와 사범학교, 1932년 고등여학교에서 공민과가 필수과목으로 지정되었다. 이는 두 가지 측면에서 의의를 가진다. 공민과가 실업보습교육 차원의 제한적 의미가 아닌 사회구성원들을 위한 보통 교과로서, 나아가 현대사회로 변화해 가고 있는 일본 사회에서 요구하는 선량한 공민 양성을 위한 핵심 교과로서 지위를 가지게 되었다는 점이다.

3. 일본 공민과의 한계

일본 공민교육은 1차 세계대전 이후 나타난 경제적·정치적 변화 및 미국과 독일의 공민교육 사상에 힘입어 1920년대 학교 교과목으로 개설되기 시작하였고 1930년대 초에는 중등교육의 필수과목으로 학교 현장에 정착되었다. 적절한 시기에 사회적 요구에 적합한 교과목을 설치한 것으로 보였지만, 일본의 공민과는 출발부터 분명한 한계를 가지고 있었다.

첫째, 일본의 공민과는 공민교육의 목적으로서 선량한 공민 양성을 중요시하는 미국의 공민교육보다는 국가 발전을 중요시하는 독일의 공민교육 사상에 의존하였기 때문에 한계를 가질 수밖에 없었다. 일본의 공민교육 전문가들은 미국과 독일의 공민교육의 성격 차이에 대해 별다른 관심을 가지지 않았으며, 케르셴슈타이너의 독일식 공민교육과 던의 미국식 신공민의 차이가 그다지 크지 않다고 생각하였다. 독일의 공민교육을 국가 교육으로 미국의 공민교육을 사회적 교육으로 구분하는 학자도 있었지만 "구별할 필요는 없을지 모르지만, 단지 편의상 두었다."고 말할 정도로 그 차이에 대한 인식은 미약하였다(김종식, 2011, pp. 248-249).

그러나 미국과 동일의 공민교육 사이에는 매우 큰 차이점이 존재하였다. 가장 큰 차이점은 공민과 국가와의 관계였다. 독일의 공민교육에서는 공민이 아닌 국가가 중심이 되었다. 공민보다는 국가를 우선시하였기 때문에 국가는 '최고의 도덕'으로 개념화되었고, 이에 따라 충군애국, 충효일치의 윤리 관념과 도덕적 관념이 중시된 것이었다. 반면 미국의 공민교육은 공민을 사회구성원인 동시에 주권자로서 이해하였기 때문에 국가가 아닌 민주사회를 구성하는 주권자로서 선량한 공민들이 중요시되었다. 그 결과 독일은 국가 발전을 위한 교육을 하였지만, 미국은 '선량한 공민'을 양성하기 위한 교육을 하게 된 것이었다(김종식, 2011, p. 249-250).

둘째, 일본의 공민과는 일본의 헌법 및 정치 체제의 특수성으로 인해 한계를 가질 수밖에 없었다. 일본 헌법은 영국, 미국, 프랑스의 헌법보다는 독일과 오스트리아의 입헌군주제의 영향을 많이 받았다. 그 이유는 천황의 권력을 강화하고자 하는 일본의 입장에서는 공화제를 채택하여 군주제를 인정하지 않거나, 혹은 군주제를 인정하더라도 군주의 권력에 상당한 제한을 가하고 있는 나라의 헌법을 참고하기는 어려웠기 때문이었다. 그 결과 일본 헌법은 천황제를 기본으로 하면서도 유럽의 자유주의 원리를 혼합한 입헌군주제의 성격을 가지게 되었다. 주권이 국민이나 시민이 아닌 천황에게 있으며 천황의 강력한 권력이 보장되어 있는 입헌군주제하에서 공민교육은 한계를 가질 수밖에 없었다. 주권자로서의 공민이 아니라 천황이 존재하는 군주국에서 신민을 교육해야 한다는 더 큰 목적을 넘어서기 어려웠던 것이다. 그 결과 미국의 '신공민'은 공민의 생활 영역을 정치적 영역을 넘어선 사회생활 전체로 확대하여 바라보게 한다는 점에서는 일본 공민과에 큰 영향을 주었지만, 학생들이 주권자로서의 공민이 아닌 군주국의 신민으로서 지위를 가진 것으로 파악하는 일본 교육에 그대로 적용되기 어려웠다.

이러한 한계는 중일 사변 이후 일본이 군국주의에 기초한 팽창 정책을 실시하면서 본격적으로 드러났다. 미국식 공민교육이 아닌 독일식 국민교육, 보다 구체적으로는 신민으로서의 교육을 강조하게 되면서 미국식 '신공민'에 대한 지향은 사라지고 수신과를 중심으로 한 황국신민교육에 치우치게 된 것이다(남경희, 1997, p. 43).[13]

---

13) 이후 공민과 폐지와 관련된 논의에서 다음과 같은 개정의 이유들이 제시되었다. 첫 번째 이유는 국체를 분명히 하여 국민정신을 함양하기 위함이며, 두 번째 이유는 기존에 체계가 잡히지 않았던 공민과의 체계를 바로 세우기 위함이고, 세 번째 이유는 교수 학습상의 어려움을 해결하기 위함이었다(廣濱嘉雄, 1939, pp. 39-65).

V. 결론

　1924년 교수요강 공포에 따라 나타난 일본의 공민과는 다음과 같은 측면에서 이전 일본 사회에서 이루어지던 공민교육과는 차별화되는 특징을 가지고 있다.

　첫째, 공민교육의 대상이 되는 공민의 개념이 확장되었다. 공민과 이전의 공민교육에서 공민은 성인교육 차원에서는 시정촌제하에서 자치권을 가진 주민을 대상으로 한 자치교육으로서, 그리고 학교 교육 차원에서는 입헌군주제하에서 투표권자 또는 정치 지도자가 될 수 있는 미래의 공민에게 필요한 정치적·경제적 지식을 가르치는 교과로서의 성격을 가지고 있었다. 공민과 성립 이전의 공민교육에서 연령, 재산, 성별 등을 기준으로 제한적인 공민 개념을 전제하고 있다면 1924년 공포된 공민과는 사회구성원으로서 그리고 평등한 존재로서 '공민' 개념을 전제하고 있었다. 공민의 자격은 더 이상 법적 지위 또는 참정권의 보유 여부, 정치 지도자로서의 역할 수행 가능성 등으로 구분되지 않게 되었고 일본 사회의 구성원으로서 인식되었다. 천황을 제외한 모든 이들은 평등한 존재로 인식되었으며, 아동들도 미래가 아닌 현재 시점에서의 공민으로 인식되었다.

　둘째, 공민교육의 내용 구성요소가 되는 공민들의 생활영역이 확장되었다. 공민과 공포 이전의 공민교육에서 공민의 활동영역은 시정촌과 같은 자치단체나 국가 차원이었다. 그러나 공민의 개념이 사회구성원의 차원으로 확장되면서 가정, 학교, 각종 사회단체 등과 같이 공민이 능동적인 주체로서 살아가는 다양한 생활영역과 관련된 사항들이 공민과 교육내용에 포함되었다. 공민과에서 다루어지는 생활영역은 가족생활, 학교생활, 직업생활, 향토와 사회와의 관계, 자치생활, 국가생활, 국제생활 등으로 구분되었다.[14] 이에 따라 공민과 공포 이전에는 공민교육에서 정부나 지방자치단체의 기구 구성 및 관련 법률들에 대한 지식들을 중심으로 교육내용을 구성했지만 새롭게 공포된 공민과에서는 정부의 기능이나 공공서비스 등 정치·경제 내용 이외에도 기타 사회생활과 관련된 실천적 지식 및 사회문제 해결을 통한 사회 개선 등의 내용들이 다양하게 포함되었다.

이러한 특징들을 볼 때 1924년 교수요강 공포로 인해 나타난 공민과는 이전에 존재하였던 공민교육의 관점, 목표, 내용 등을 학교 교과목으로 단순하게 반영한 것이 아니라 새로운 교육 사조, 그중에서도 특히 듀이의 교육사상에 기초한 새로운 공민교육 사조를 반영한 것으로 파악할 수 있다.

그러나 일본의 정치체제가 영국이나 미국식 자유민주주의보다는 독일이나 오스트리아식 입헌군주제에 영향을 받았기 때문에 일본의 공민과는 미국의 공민교육과 같이 민주사회로의 발전을 반영하거나 민주사회로의 발전을 촉진하는 성격을 가질 수 없었다. 또한 민주주의 발전보다는 국가 발전을 중요시하는 독일 공민교육 사상의 영향도 받았기 때문에 일본의 공민과는 미국의 신공민과 같이 민주사회의 능동적이고 주체적인 구성원으로서 공민을 양성하는 것이 아닌 일본 제국의 발전 그리고 천황제도의 유지에 이바지할 수 있도록 천황에게 충성하는 신민 양성의 도구라는 한계를 가질 수밖에 없었다.

---

14) 이러한 구분은 1922년 12월 개최된 실업보습강연회에서 木村正義는 문부성의 원안을 언급하면서 강연한 내용이다. 공민교육 조사위원회의 심의 개시 이전 문부성에서는 가정, 학교, 향토, 사회, 직업, 자치체, 국가 등의 8개 항목을 제시한 바 있다(武藤拓也, 1994, p. 164-169).

참고문헌

곽한영(2010). "초기 사회과 교과서에 나타난 법교육의 양상에 관한 연구 - 교수요목기 공민1 교과서를 중심으로". 『법교육연구』. Vol. 5 No. 2. pp. 1-23.

김경혜(2011). "근대중국의 서양교육제도 소개". 『중국사연구』. Vol. 75. pp. 143-167.

김종식(2005). "근대 일본 공민교육의 성립과 청년정책". 『역사교육』. Vol. 96. pp. 195-224.

김종식(2011). "공민교육을 통한 근대 일본 국민상의 모색". 『동양사학연구』. Vol. 14. pp. 225-258.

남경희(1997). "이데올로기로서 천황제와 일본의 교육이념 - 전전의 수신과 및 전후의 사회과와 관련하여". 『한국일본교육학연구』. Vol. 2 No. 1. pp. 35-47.

송석윤(2005). "선거운동 규제입법의 연원 - 1925년 일본 보통선거법의 성립과 한국 분단체제에의 유입". 『서울대학교 법학』. Vol. 46 No. 4. pp. 28-53.

이병욱(2003). "케르셴슈타이너(Kerschensteiner)의 노작교육론에 대한 소고". 『직업과 인력개발』. 2003년 6월호. pp. 68-73.

이혁규(2009). "사회과 교육의 기원 및 시기 구분 문제에 대한 고찰". 『시민교육연구』. Vol. 41 No. 4. pp. 129-152.

정진성(1999). "1920년대 일본 경제의 불황과 탄광기업의 대응". 『경제사학』. Vol. 27 No. 1. pp. 151-187.

차조일(2008). 『사회과 교육과 합리성』. 파주: 한국학술정보.

하종문(2009). "일본의 쇼와공황과 민주주의의 엇박자". 『역사비평』. Vol. 87. pp. 133-156.

廣濱嘉雄(1939). 『公民科の本義』. 東京:同文書院.

敎育新潮硏究會 編(1924). 『(最近)公民敎育大觀』. 東京: 中興館.

木村正義(1925). 『公民敎育』. 東京:富山房.

武藤拓也(1992). "實業補習学校公民科のカリキュラム:「實業補習学校公民科敎授要綱」 の敎科內容とその編成". 北海道大學敎育學部紀要』 Vol. 62. pp. 161-192.

武藤拓也(1994). "実業補習学校公民科のカリキュラム: 「実業補習学校公民科教授要綱」 の教科内容とその編成". 『北海道大學教育學部紀要』. Vol. 62. pp. 161-192.

山崎裕美(2008). "一九二〇年代における文部省の公民教育論". 『東京都立大学法学会雑誌』. 49(1). pp. 365-403.

森部英生(1978). "大正デモクラシーと公民教育の形成大正デモクラシーと公民教育の形成". 『東京大学教育学部紀要』. Vol. 17. pp. 109-123.

持地六三郎(1903). 『法制及経済 附・研究法』. 東京: 同文館.

川本宇之介(1915). 『公民教育の理論及實際』. 東京: 大同館.

川本宇之介(1925). 『(比較綜合)公民科教授の新研究』. 東京: 中文館.

千葉敬止(1926). 『(内外に於ける)輓近の公民教育と其の方法』. 東京: 教育研究會.

ケルシエン.シュタイナ-, 佃井久滿治 譯(1916). 『公民教育及補習教育論』. 東京: 大同館.

Kerschensteiner, G.(1911). *Education for citizenship*. Chicago: Rand McNally & company.

Reuben, J.(1997). "Beyond Politics: Community Civics and the Redefinition of Citizenship in the Progressive Era". *History of Education Quarterly*, Vol. 37 No. 4.

일제하 조선의 공민교육

-'공민과'의 도입을 중심으로-

Ⅰ. 서론

1. 연구의 배경과 필요성

우리나라의 사회과 교육은 일반적으로 1946년 미군정하에서 미국의 Social Studies를 '사회생활과'라는 명칭으로 도입하면서 시작된 것으로 알려져 있다. 그리고 도입 당시의 중등 사회과 교육은 공민, 역사, 지리의 세 영역으로 구성되어 있었다. 이후 공민 영역은 일반사회라는 명칭으로 변화되었다. 이러한 변화는 '공민' 영역을 민주주의 교육을 위한 핵심 영역으로 강조하기 위한 것이었지만 이후 변화의 의도는 잊혀진 채 일반사회는 정치학, 경제학, 사회학, 문화인류학, 법학 등과 같은 학문 영역의 내용 요소들을 가르치는 과목으로 변질되었다.

한국 사회과에서 일반사회 영역이 차지하는 위상을 제고하기 위해서는 한국 사회과 일반사회 영역의 모태가 되었던 공민과에 대한 이해가 필요하다. 이 과정에서 주의해야 할 점은 공민교육의 역사성이다. 공민교육은 미군정기에 최초로 도입된 것이 아니라 일제의 식민지 교육에서 이미 도입되어 있었기 때문이다. 따라서 현재의 사회과 그중에서도 일반사회 영역의 위상을 제대로 파악하기 위해서는 공민교육의 역사성에 대한 이해가 필요하다.

2. 연구문제와 연구방법

식민지 조선에 일본의 공민교육 및 공민과가 도입되는 과정을 살펴보기 위해 본 연구에서 다루고자 하는 연구문제는 다음과 같다.

첫째, 일본의 조선에 대한 식민지 교육 정책은 어떠하였는가?
둘째, 일본과 조선의 공민교육은 어떠한 연관성을 가지고 있는가?
셋째, 공민과 도입 이전 조선의 공민교육은 어떠한 모습이었는가? 누구를 대상으로 어떤 방식으로 이루어졌는가? 어떤 특징을 가지고 있는가?
넷째, 공민과 도입 이후 조선의 공민교육은 어떠한 변화가 나타났는가? 조선에서의 공민과 도입 배경 및 의의는 무엇인가?

이와 같은 연구문제에 대해 살펴보기 위해 본 연구에서는 일본 및 조선에서 1900년대부터 1930년대에 걸쳐 발행되었던 교육 관련 규정 및 공민 관련 교과서들의 목차 및 내용을 분석 대상으로 삼고자 한다. 특히 원문 데이터베이스로 구축된 조선총독부 관련 자료, 조선 교육령 문서들과 교과서, 신문이나 잡지 등 또한 당시의 시대적 상황 및 공민교육의 모습에 대한 이해를 돕는 유용한 자료가 될 수 있다.

Ⅱ. 식민지 교육과 조선교육령

공민교육 관련 교과목이 학교 교육에 등장하는 것은 통감정치 시기 고등학교 설치로 인해 법제경제 과목이 도입되면서부터이다. 이후 2차 조선교육령 시기인 1931년부터 1932년 사이에 중등학교 교과목으로서 공민과가 도입되었다. 따라서 일제시대 공민과의 도입과 정착과정에 대한 이해를 위해서는 통감정치 시기부터 2차 조선교육령 시기까지 일본에 의해 식민지 조선의 교육이 어떻게 변화했는지에 대해 살펴보는 것이 필요하다.

1. 교육령 공포 이전의 조선 교육

통감정치가 시작되기 이전 조선은 1894년부터 시작된 갑오개혁을 통해 1895년 '교육입국조서'를 선포하였으며 이를 바탕으로 근대적 애국인의 형성이라는 교육목표 아래 근대적 교사양성기관인 사범학교와 초등교육 기관인 소학교를 설립하였다. 이후 광무개혁기간 동안에는 갑오교육 개혁의 성과를 확대하고자 초등교육인 소학교와 사범교육을 확충 정착시켰으며, 중등교육인 중학교를 신설하였다.

그러나 이와 같은 개혁노력은 이후 일본의 통감정치 시기인 1906년 소학교를 보통학교로, 중학교를 고등학교로 개정되고 수업연한이 줄어들게 되면서 좌절하게 된다. 일본은 교육제도 변경을 통해 조선인들로부터 고등교육의 기회를 박탈하였으며, 실업학교의 확충을 통해 하급 실무자 양성에 박차를 가하였다. 또한 각급 학교의 교육과정 편제에 있어서는 일본어, 수신, 실과 등의 교과 비중을 상향 조정하였고, 한국지리와 역사는 점차 시수를 줄여 나감으로써 식민지교육의 기초를 다져 나갔다(한용진 외, 2010, pp. 40-41).

2. 1차 교육령과 조선 교육

1910년 한일병탄 이후 조선총독부는 조선에 식민지 교육체제 구축을 위해 법적 토대를 마련한다. 1911년 공포된 제1차 조선교육령이 그 출발점이다. 1차 조선교육령은 식민지 교육이라는 특성상 식민지에 거주하는 일본인들이 아닌 조선인을 대상으로 한 것이었다.[15] 조선인들이 받을 수 있는 식민교육은 보통교육, 실업교육 및 전문교육으로 구분되었다. 보통교육 기관은 보통학교(수업연한 4년), 고등보통학교(수업연한 4년), 여자고등보통학교(수업연한 3년)이었으며, 실업교육 기관은 실업학교(수업연한 2년 또는 3년), 그리고 전문교육기관은 전문학교(수업연한 3년 또는 4년)였다. 그리고 관립의 고등보통학교와 여자고등보통학교에는 사범과(1년)나 교원속성과(1년 이내)를 두었다. 또한 여자고등보통학교에는 3년 과정의 기예과를 둘 수 있도록 하였다. 조선교육령의 구체적인 내용은 다음과 같다.

> 제1조 조선에서 조선인의 교육은 본령에 따른다.
> 제2조 교육은 교육에 관한 칙어의 취지에 바탕하여 충량한 국민을 육성하는 것을 本義로 한다.

---

15) 제1차 「조선교육령」은 조선인 교육을 위한 법령이며, 이 시기 조선에 있던 일본인을 위한 교육은 일본 본국의 법령 및 다른 별개 규정의 적용을 받았다. 조선 내의 일본인 교육은 조선인에 대한 교육령과는 따로 1910년 통감부령으로 공포한 조선중학교규칙에 이어 1912년 조선공립소학교규칙, 고등여학교규칙, 실업전수학교규칙, 간이 실업전수학교규칙을 공포하였다. 조선 내 일본인 학교의 교육은 각 학교의 수업연한, 교과과정, 편제 등을 대체로 일본의 동일 학교와 같이 하여 입학과 전학에 문제가 없도록 하였다(이송희, 2005, pp. 129-130).

제5조 보통교육은 보통의 지식·기능을 배우도록 하며, 특히 국민다운 성격을 함양하고 국어를 보급하는 것을 목적으로 한다.
제28조 공립 또는 사립의 보통학교, 고등보통학교, 여자고등보통학교, 실업학교 및 전문학교의 설치 또는 폐지는 조선총독의 인가를 받아야 한다.
제29조 보통학교, 고등보통학교, 여자고등보통학교, 실업학교 및 전문학교의 교과목 및 그 과정, 직원, 교과서, 수업료에 관한 규정은 조선총독이 이를 정한다.
(한국교육과정평가원, 국가교육과정정보센터)

이와 같은 조선교육령의 설정 의도는 조선에 대해 식민화 교육을 실시하기 위한 것이라고 할 수 있다. 조선교육령의 대상에서 조선에 거주하는 일본인들은 제외되어 일본인과 조선인에 적용되는 교육 제도가 차별화된 점, 그리고 일본어 보급이 공식적인 보통교육의 목표로 제시되고 있는 점, 학교의 설치 및 폐지, 학교 관련 규정 등에 대한 전권을 조선총독이 가지고 있는 점 등을 통해 이러한 사실을 확인할 수 있다. 이는 결국 식민화 교육을 통해 일본은 우리의 민족의식을 말살하고자 하는 의도가 전제되어 있던 것으로, 이는 다음과 같은 조선총독부의 입장 표명을 통해서도 파악할 수 있다.

"韓國人 교육 방침을 規制한 것으로 日語의 보급과 日本化의 촉진을 목표로 하고 교육정도를 淺薄한 學識과 기술에 제한하야 생활경제에 몰두케 함으로써 민족의식의 말살을 期코자 한 것이다."
(朝鮮總督府官報 1911. 9. 1)

3. 2차 교육령과 조선 교육

조선총독부는 1922년 조선 신교육령, 즉 2차 조선교육령을 공포하였다. 2차 조선교육령에서는 보통교육의 경우 일본어를 상용하는 학교는 소학교·중학교·고등여학교로, 일본어를 상용하지 않는 학교는 보통학교·고등보통학교·여자고등보통학교로 명명하였다. 그리고 초등교육부터 전문교육에 이르기까지 각종 학교는 입학자격 수업연한 학과 등 그 내용을 조선인과 일본인 모두에게 같이 적용시키고자 하였다. 그 결과 보통학교의 수업연한을 4년에서 6년으로, 고등보통학교는 4년에서 5년으로, 여자고등보통학교는 3년에서 4년(5년)으로 변경되었다(제5, 7, 9조). 특별한 경우, 일본인이 조선인 학교에, 조선인이 일본인 학교에 진학하는 것도 허용하였다(이송희, 2005, pp. 129-130).

조선교육령 (1922년 2월 칙령 제19호)
第1條 朝鮮에 在흔 敎育은 本令에 依흠
제2조 국어를 상용하는 자의 보통교육은 소학교령, 중학교령, 및 고등여학교령에 따른다.
제3조 국어를 상용하지 않는 자에게 보통교육을 실시하는 학교는 보통학교, 고등보통학교 및 여자고등보통학교로 한다.
(한국교육과정평가원, 국가교육과정정보센터)

2차 조선교육령의 가장 큰 특징은 일본의 교육제도에 조선의 교육제도를 동조화시키는 것이었다. 조선에 있는 국민은 일본인이건 조선인이건 모두 동일한 교육을 시키겠다는 것을 표면에 내세운 것이다.

舊令은 韓國人만의 敎育制度를 定하고 時勢 民度에 應하여 多少 그 程度를 低下하고 簡易實用을 主로 한 制度였으나 新令은 韓日人의 敎育制度를 同令 中에 統合 設定하여 日本과 同一한 敎育主義와 制度를 採用하다.
(朝鮮總督府官報 1922. 2. 6)

그러나 2차 교육령은 겉으로는 일본인과 조선인간의 차별 철폐를 내세우고 있지만 실제로는 3·1운동 이후 교육제도의 개혁을 통해 민족정신을 말살하기 위한 것이었다. 다음과 같은 당시 신문기사를 통해 2차 조선교육령에 대해 우리 민족이 파악하고 있던 문제점에 대해 확인할 수 있다.

> 국치 이후 원수는 우리의 고유한 문화와 사상을 압살하기 위하여 소위 교육령을 반포하여 날로 흥왕하여 가는 여러 학교를 모두 폐쇄하고 소위 보통학교, 고등보통학교, 전수학교 3급제의 불완전한 학제를 써서 일어를 강제하며 유의한 총준 자제로 하여금 도리어 어리석게 만들더라. …… 조선총독은 교육령 개정을 통하여 당면의 문제를 해결하고자 하고 있다. 일본인과 조선인의 공학문제를 소위 무차별이라는 이름 아래 해결하고자 하지만 그 실상은 한인에게 국어의 사용을 금지하기 위함이더라.
>
> (신한민보, 1922. 2. 23.)

결과적으로 조선인과 일본인 교육을 같은 교육령 안에서 통합하여 관리하기 시작하면서 일본 교육제도의 변화가 조선의 교육제도 변화에 직접적인 영향을 주게 되었다. 일본의 교육제도 변화는 조선에 거주하는 일본 거류민들에게도 반영되어야 했고 이를 위해서는 조선인에 대한 교육제도도 함께 변경해야 했기 때문이다. 식민지 조선의 교육제도가 일본의 교육제도에 따라 변화하는 동조화 현상이 나타나게 된 것이다.

Ⅲ. 공민과 성립 이전의 공민교육

우리나라의 공민교육은 통감정치 시기 고등학교 설치로 법제경제가 도입되면서부터 시작되었다고 할 수 있다. 이 시기부터 일본으로부터 공민과가 도입된 1931년 이전까지의 공민교육을 공민과 성립 이전의 공민교육 시기로 구분할 수 있다.

1. 공민과 성립 이전 일본의 공민교육

일본의 경우 공민과의 성립 이전인 19세기 후반부터 근대 교육제도의 도입 및 일종의 지방자치제도인 시정촌제의 도입과 함께 공민교육이 시작되었다. 일본의 공민교육은 학교 교육차원과 사회교육 차원에서 구분하여 살펴볼 수 있다.

1) 공민과 성립 이전 일본의 학교 공민교육

메이지 유신을 통해 근대화를 추구한 일본은 1872년 학제 제정을 통해 근대적인 교육 제도를 도입하였다. 학제 제정을 통해 소학교, 중학교가 설립되면서 정치·경제·법 등과 같이 공민 영역과 관련된 지식을 다루는 공민 관련 교과목들이 등장하였다(千葉敬止, 1926, pp. 2-3).

그러나 메이지 초기의 공민 관련 교과목들은 자유민권운동에 대한 견제 차원에서 1886년 학교령에서는 사라졌다가 1899년 중학교령과 실업학교령 등의 개정을 통해 다시 등장하였다. 이를 통해 중학교에서는 '법제경제(法制經濟)' 과목을 선택적으로 개설할 수 있게 되었으며, 실업학교에서는 경제 과목이 추가되었고 법제 과목도 선택적으로 추가할 수 있게 되었다(千葉敬止, 1926, p. 3).[16]

법제경제 과목에서는 국가, 국법(공법, 사법), 권리(공권, 사권) 등과

---

16) 1901년에는 중학교령(과 사범학교령)의 시행세칙에 '法制及經濟(법제경제)'를 5학년에 주당 3시간으로 설정하였다. 그러나 외국어, 역사, 지리 등으로 변경 가능하였다(文部省, 學制 百年史, http://www.mext.go.jp).

같은 법적 내용들과 욕망, 재화, 가치, 경제행위 등과 같은 경제의 기본 개념 및 생산과 소비 활동에 관련된 여러 내용들이 다루어졌다(島田俊雄, 1906).

2) 공민과 성립 이전 일본의 사회 공민교육

공민과 성립 이전의 일본 공민교육은 사회교육 또는 성인교육 차원에서도 활발하게 이루어졌다. 공민이라는 용어 자체가 일본의 명치헌법체계에서 시정촌제(市町村制)의 구성원 중 자치권을 가진 주민을 의미하였기 때문이다.[17]

사회교육 차원에서 공민교육이 활발하게 이루어진 것은 러일전쟁 이후부터이다. 당시 일본 내무성은 지방개량운동을 통해 시정촌의 행정/재정 제도를 정비하고 지속적인 국민 동원 체제를 구축하고자 하였다. 이 과정에서 자치민 교육으로서 공민교육이 활성화된 것이다. 자치민 교육으로서 공민교육에 있어 핵심적인 역할을 담당한 단체가 청년단 또는 청년회였다. 청년은 지방개량운동에서 사업의 주체이었을 뿐만 아니라 시정촌의 '공민'으로서 교육의 대상이기도 하였기 때문이다(김종식, 2005, p. 196; 김종식, 2011, p. 230).

2. 공민과 성립 이전 조선의 공민교육

1931년 공민과 도입 이전 조선의 공민교육은 일본의 공민교육과 달리 학교 교육 차원에서만 진행되었다. 사회교육 또는 성인교육 차원의

---

17) 공민은 시정촌에서 제국신민으로서 독립적으로 생계를 유지하고 연령 25세 이상의 남자로서 일정한 거주 기간과 세금(직접세) 납부 등의 자격 요건을 갖춘 사람이다(敎育新潮硏究會, 1924, pp. 5-6).

공민교육이 적극적으로 실시되었던 일본과는 달리 조선의 공민교육은 학교 교육 그것도 중등교육 이상의 수준에서만 제한적으로 이루어졌다.

'공민과' 성립 이전에도 학교 교육에서 법, 정치, 경제 등 공민 관련 내용들이 설치되어 있었다. 갑오개혁 이후 근대적인 학교제도를 건설하는 과정에서 다양한 과목들이 나타났지만 통감정치시기부터는 일본의 교과목인 법제경제가 도입되어 조선의 공민교육에 직접적인 영향을 주기 시작하였다.

1) 공민과 성립 이전 조선의 학교 공민교육

통감정치 이후 조선의 학교 교육은 일본의 직접적인 영향 아래 놓이게 되었다. 그 결과 개화기 초기에 논의되던 공민교육의 싹은 사라지고 일본의 공민교육이 조선에 이식되었다. 조선의 학교 교육에 이식된 공민교육은 조선총독부의 정책 변화에 따라 보다 근본적으로는 일본의 교육정책 변화에 따라 동조하여 변화하게 되었다.

(1) 조선교육령 이전 시기

조선 교육에서 공민 관련 교과가 공식적으로 등장한 것은 1900년 공포된 중학교 규칙에서 심상과의 과목에 경제가, 고등과의 과목에 경제와 법률이 포함되면서부터라고 할 수 있다. 일본의 공민교육 관련 교과목인 법제경제가 학교교과목으로 들어온 것은 통감정치시기인 1906년 고등학교 교과목으로 설치되면서부터이다. 한국교육과정평가원, 국가교육과정 정보센터).

법제 경제의 구체적인 성격은 다음과 같이 1907년 발행된 태극학보의 기사를 통해 확인할 수 있다(장응진, 1907, pp. 18-19).

現時 文明 各 國에서는 立憲制度를 立ᄒ며 自治制를 施ᄒ야써 一般 國民은 法律의 制定과 及 法律의 實行에 參與홈을 得ᄒ느니 此로 由ᄒ야 또 不少ᄒ 義務를 有ᄒ도다. 然則 此 義務를 實行홈에 當ᄒ여는 個人의 利害는 全體를 爲ᄒ야 或 從屬도 ᄒ며 共同的 精神으로 由ᄒ야 指導치 아니치 못홀지라. 現時의 國民이 自治制에 對ᄒ 責任은 다못 個人의 意志 善良으로만 此를 十分 盡키 不能ᄒ도다. 人事上의 關係가 複雜ᄒ고 利害의 關係가 또 複雜ᄒ미 法律도 또ᄒ 廣闊ᄒ 範圍 內에서 制定홈에 至ᄒ느니 國民된 者 不可不 法律의 主要ᄒ 槪點을 理解ᄒ고 또 如何히 ᄒ야 自負의 責任을 盡홀 거슬 理解홀 必要가 有ᄒ도다. 無論 一一 法律의 詳細를 知悉케 ᄒ기는 到底 普通敎育上의 能홀 바도 아니오 또 知悉홀 必要도 無ᄒ거니와 現行 法律의 基礎觀念을 授與ᄒ야 同抱의 權利를 尊敬ᄒ고 自己의 義務權利의 範圍를 知得케 홀 거시오 또 經濟上의 情勢에 關ᄒ여서도 從前과는 懸殊ᄒ야 交通 運搬의 道가 大開ᄒ야 一地方의 生産으로써 他地方의 需用을 充홈을 得ᄒ는 故로 分業은 益進ᄒ고 勞働者의 製造全般을 理解未能홈에 至ᄒ엿도다. 如此히 一小部分에서만 勞働ᄒ면 各其 職業間에 存ᄒ 互相의 關係를 知키 不能ᄒ야 勞働者의 智識을 陜隘케 ᄒ고 其 品格을 偏劣케 ᄒ느니 故로 人으로 ᄒ여금 全혀 無意味의 活動을 器械的으로 働作홈에 陷치 아니케 코저ᄒ면 此等 生産의 理法을 敎授ᄒ야 分業의 必要를 知케 ᄒ고 또 如何히 小ᄒ 作業이라도 此가 全體의 生産에 必要ᄒ 理由와 及 其 互相의 關係를 明白케 홀 거시라. 特히 現時 文明 各 國의 經濟的 現象을 觀ᄒ면 機械工業이 漸漸 盛ᄒ미 此로 由ᄒ야 勞働者의 一部分은 職業을 失ᄒ는 端이 不少ᄒ 此는 時勢의 然ᄒ는 바이라. 挽止키 不能ᄒ 거시오. 此等 失業者로 ᄒ여금 新關係에 應ᄒ야 職業을 求ᄒ야 獨立自活의 道를 講치 아니치 못홀지니 現時의 情勢는 一層 經濟上에 應化ᄒ는 力을 有치 아니치 못홀지라. 然이나 또 現時의 經濟機關은 一層 顯著ᄒ 者이 有ᄒ니 卽 銀行 貯金 保險法 等과 如ᄒ 過去人의 想知치 못ᄒ 便利ᄒ 거시 有ᄒ미 現時의 人으로 ᄒ여금 此를 利用케 홀거시라. 如此히 法制와 밋 經濟의 智識은 現時 生活上에 必要ᄒ 者이미 法國 瑞典 等國에서는 此를 一敎科로 編ᄒ야 國民科라 稱ᄒ고 敎授ᄒ도다. 然이는 小學校 敎科가 現時 頗多ᄒ 則 此를 特히 一科로 敎授치 아니홀지라도 他敎科를 敎授홀 際에 利用敎授홈을 得ᄒ리니 可令 算術 歷史 地理 自然科學에 結合敎授홈을 得홀 거시오 中等以上 學校에 達ᄒ 然後에 一敎科로 敎授홈이 適宣홀듯 ᄒ도다.

以上 連載흔 以外에 女子敎育에 對흐여는 特別히 添加흘 一二의
敎科가 有흐니 卽 家事科 裁縫科 等이 是라.

이처럼 법제경제는 "현대사회에서의 삶을 위해 필요한 법률적·경
제적 지식"을 가르치는 교과로 이해되었다. 입헌제도하에서는 (국민)
자치에 참여할 수 있는 법률적 지식이 필요하며, 분업의 발달로 인해
경제적 변화에 적응하기 위해서는 경제적 상호 의존 관계를 인식하고
독립적인 생계를 유지할 수 있는 경제적 지식이 필요하다는 것이다.

참고로 법제경제는 5학년 과정에서 매주 2시간씩 시간 배당이 되
어 있었으며, 주요내용은 법제의 경우 "도덕단체[18]와 정체, 천황, 신
민, 의회, 국무대신과 추밀고문, 사법재판소, 행정행정 재판소, (자연)
인과 법인, 물권, 채권, 친족, 상속" 등이며 경제는 "생산, 교환, 분배,
소비, 재정" 등이었다(서북학회월보, 1909. 3. 1).

(2) 1차 조선교육령 시기

1차 조선교육령에서는 고등보통학교에서 '실업 및 법제경제'를 설
치하도록 하였다. 고등보통학교 규칙(1911년 10월 20일 조선총독부령
제101호)에 따르면 "고등보통학교의 교과목은 수신, 국어, 조선어 및
한문, 외국어, 역사, 지리, 수학, 이과, 실업, 및 법제경제, 습자, 도화,
수공, 창가, 체조, 영어로 한다."라고 되어 있다. 법제경제에 대한 시
수 배당은 고등보통학교의 최고학년인 4학년에서 실업과 합쳐서 주
당 6시간이 배당되었다. 그러나 여자고등보통학교에서는 법제경제가
설치되지 않았다(한국교육과정 평가원, 국가교육과정 정보센터).[19]

---

18) 도덕단체는 권력단체와 대비되는 개념으로 사용되었다.

1911년 10월 20일에 공포된 조선총독부령 제101호 고등보통학교 규칙에 따르면 "법제경제는 처세상 중요한 사항을 알도록 하는 것을 요지로 한다. 법제경제는 현행 법규 및 경제대요를 부과한다."라고 규정하고 있다. 1차 교육령 시기 법제경제 과목의 내용은 다음과 같이 1917년 조선총독부에서 국정 교과서의 목차를 통해 알 수 있다(朝鮮總督府, 1917).

<표 3-1> 법제경제 교과서의 목차

經濟	法制
第一課 경제	第一課 대일본제국
第二課 생산	第二課 천황
第三課 소비	第三課 대일본제국헌법
第四課 토지	第四課 법
第五課 노동	第五課 행정
第六課 분업(一)	第六課 행정기관
第七課 분업(二)	第七課 조선에서의 行政官廳
第八課 임금	第八課 공공단체
第九課 자본	第九課 경찰행정
第十課 저축의 필요	第十課 위생행정
第十一課 이자	第十一課 산업장려기관
第十二課 기업	第十二課 원시산업에 관한 항정
第十三課 기업의 형식	第十三課 상공업에 관한 항정
第十四課 이윤	第十四課 토지에 관한 항정
第十五課 교역과 가격	第十五課 교통에 관한 항정
第十六課 수요와 공급	第十六課 교육행정
第十七課 화폐	第十七課 구휼행정
第十八課 현행화폐제도	第十八課 종교행정
第十九課 은행권	第十九課 국가의 수입
第二十課 신용	第二十課 조선에서의 租稅
第二十一課 어음(一)	第二十一課 사법제도
第二十二課 어음(二)	第二十二課 소송
第二十三課 어음(三)	第二十三課 범죄와 형벌
第二十四課 은행	第二十四課 (자연)인과 법인

---

19) 여자고등보통학교 규칙(1911년 10월 20일 조선총독부령 제102호)에서는 "여자고등보통학교의 교과목은 수신, 국어, 조선어 및 한문, 역사, 지리, 산술, 이과, 가사, 습자, 도화, 재봉 및 수예, 음악, 체조로 한다."라고 되어 있다.

第二十五課 보통은행의 업무	第二十五課 법률행위
第二十六課 조선에서의 금융기관	第二十六課 물건
第二十七課 재정	第二十七課 물권(一)
第二十八課 조세	第二十八課 물권(二)
第二十九課 공채	第二十九課 물권(三)
	第三十課 채권(一)
	第三十一課 채권(二)
	第三十二課 친존
	第三十三課 상속

(3) 2차 조선교육령 시기

　2차 교육령 시기에는 법제경제 과목은 실업과 분리되어 독립된 명칭을 가지게 되었으며, 고등보통학교뿐만 아니라 여자고등보통학교로 확장되었다. 1922년 2월 20일 조선총독부령 제16호로 공포된 고등보통학교 규정에서는 "고등보통학교의 교과목은 수신, 국어 및 한문, 조선어 및 한문, 외국어, 역사, 지리, 수학, 박물, 물리 및 화학, 법제 및 경제, 실업, 도화, 창가, 체조로 한다."라고 하였고, 1922년 2월 17일 조선총독부령 제14호로 공포된 여자고등보통학교 규정에서는 "여자고등보통학교의 학과목은 수신, 국어, 조선어, 외국어, 역사, 지리, 수학, 이과, 도화, 가사, 재봉, 음악, 체조로 한다. 제1항의 학과목 이외에 한문, 교육, 법제경제, 수예, 또는 실업을 추가할 수 있고, 기타 조선총독의 인가를 받은 필요한 학과목을 추가할 수 있다."라고 하여 여자고등보통학교에서 법제경제를 개설할 수 있는 토대를 만들었다. 한편 고등보통학교 규정에서는 법제경제의 성격을 법과 경제와 관련된 "국민생활에 필요한 지식을 얻도록 하는 것"으로 규정하고, 이를 위해 "제국헌법의 대요, 그리고 일상생활에 적절한 법제경제 재정상의 사항"을 가르칠 것을 명시하고 있다. 또한 법제경제 수업을 위한 시수를 고등보통학교 5학년 과정에서 주당 2시간 배당하였다(한국교육과정평가원, 국가교육과정 정보센터).

2) 공민과 성립 이전 조선의 사회 공민교육

개화기 근대 민족국가로의 발전을 위해 주체적으로 시도되었던 사회교육(민중교육)은 일본의 식민지 지배와 함께 정치적 탄압을 받게 되었다. 이후 일본 총독부에 의해 행해진 사회교육 차원의 공민교육은 조선인을 식민통치에 적극 협조하게 하고 완전한 일본국민으로 만들기 위한 활동이었다(정혜경, 2011, p. 306).

1920년대 이전까지 일본에 의해 시행된 조선의 지방제도에서 지방자치는 거의 이루어지지 않았다. 부협의회나 면장 협의회 등과 같은 자치조직의 성격을 띤 기구들이 있었지만 그 구성원들은 선거를 통해 선출된 것이 아니라 모두 상급기관의 기관장에 의해 임명되었다. 그 이유는 다음과 같이 자치적 공민교육이 부족하다는 점에서 찾고 있다.

> 府制 및 학교조합령 공포에 대하여 吉原 東拓부총재는 11월 4일 다음과 같은 요지의 담화를 발표하다. "由來 純粹한 自治制는 이에 不慣한(익숙하지 않은) 人民에게 급격히 시행하면 도리어 각종의 폐해가 생기는바 현재 조선인과 같이 전혀 자치적 정치단련이 없는 민중 중에는 소위 관선협의회의원을 선정함도 아직 이른 감이 없지 않다."
>
> (매일신보 1913. 11. 4)

1920년 문화정치하에서 부와 면에 자문기관인 부면협의회를, 도에는 자문기관인 도평의원회의를 설치하는 지방제도가 도입되었다. 그러나 이러한 기구들은 모두 의결기관이 아닌 자문기관에 불과하였고 구성원 중 선거를 통해 선출할 수 있는 인원은 부와 지정면[20]의 의원들뿐이었다.[21] 더욱 심각한 문제는 유권자의 자격이 지역에서 거주한 지 1년 이상 지난 25세 이상의 성인남성 중 5원 이상의 납세 실적이 있는 경우로 제한되었기 때문에 유권자 수 자체가 매우 적을 뿐만 아니라 다음 신문기사를 통해 알 수 있듯이 일본인과 조선인의 유권자 비율 또한 형평성이 맞지 않아 지방자치의 본질을 심각하게 왜곡되었다.

> 인천부협의원후보자공선대회는 기보(이미 보도한바)와 같이 11일 오후 2시 부내 신 시정신용조합옥상에서 개최되었는데 부내 거주 조선인 2만 8천 3백 22인 중 겨우 유권자 수는 3백 17인으로 일본인의 그것에 비하면(총인구 1만 1천 4백 9인에 유권자 5백 39인) 4분지 1에도 부당하는바 …… 당일 참석한 유권자와 유지는 극소하였다. 복기식 투표로 6명씩을 선거케 하야(6인은 조선인 부협의원 가상수) 최고점수의 6명을 좌와 같이 공선한 후 선거 당일 유권자들도 공선된 이에게 가급적 투표하도록 발기자 측에서 권유할 위원 2명을 뽑기로 한 후 산회되었다 하더라.
>
> (동아일보, 1923. 11. 13)

이처럼 제한된 형태의 지방자치제를 실시한 이유에 대해서도 일본은 "구습에 빠져 있는 조선인"들에게 지방자치제의 실시는 불가능한 일이기 때문에 "民智의 진보, 경제의 발달, 公共的 정신의 훈련"이라는 조건이 충족될 때까지 과도적 단계의 지방자치를 실시할 수밖에 없다고 주장했다(김세성, 1931, pp. 4-5).

---

20) 지정면은 일본인이 많이 거주하거나 시가지의 모습을 많이 갖춘 면을 의미한다.

21) 이 외에도 도평의회 의원 중 3분의 2는 부, 군, 島의 협의원으로부터 선거를 통해 선출된 배수의 후보자 중에서 관선하였다(김세성, 1931, pp. 4-5).

이처럼 실질적인 지방자치제도가 도입되지 않았기 때문에 식민지 조선에서는 사회교육 차원에서의 공민교육이 자치민 교육의 성격이 아니라 사회교화 차원에서 진행되었다. 시정촌의 주민들이 법적인 자치권을 가지고 있던 일본과 달리 조선에서는 자치권이 인정되지 않았기 때문에 조선총독부의 입장에서는 자치민 교육 자체가 필요 없었던 것이다.

사회교화 운동으로서의 공민교육은 1920년 일본 내무성에서 지방개량강습회원을 조선에 파견하면서 본격적으로 시작되었다. 1921년에 접어들면서 조선총독부내무국에 사회교화와 사회사업을 주목적으로 하는 부서인 사회과가 설립되었으며[22] 지방개량강습회가 곳곳에서 개최되고 지방개량회가 설립되었다. 또한 총독부에서는 사회교화위원회를 만들고 선전인쇄물 배부, '절용(절약)하는 날 제정',[23] '강연회 개최' 등의 활동을 통해 사회교화를 체계적으로 시행하고자 하였다.

> 종래 우리의 생활하야 내려오든 생활의 방식이 시대에 맞지 아니하는 것이 많을 뿐만 아니라 근일 경제계의 공황으로 일반의 생활은 날로 곤란하여질 뿐인데 이 생활문제에 대하야 …… 금일 경기도와 경성부 당국에서 이 문제에 대한 협의를 한 결과 …… 리원이나 교육자 중에서 이십삼명의 위원을 뽑아 사회교화위원회를 조직하였는데…….
>
> (동아일보, 1922. 12. 11)

---

22) 1921년 설치된 사회과는 사회사업과 사회교화라는 두 가지 업무를 다루었다. 이후 사회과가 1932년에 학무국으로 개편되면서 총독부는 사회교화비라는 명칭의 예산을 처음으로 만들어 업무의 중요성을 부각시키고 적극적인 활동에 나서게 되었다(朝鮮總督府學務局社會敎育課, 1937).

23) "절용하는 날"은 "1. 돈을 쓰지 말 일, 2. 酒食의 대접을 행하지 말 일, 3. 절용하여 남은 돈으로 부인이나 어린 아해를 위해 저축할 일" 등과 같이 절약을 강조하는 행사였다(동아일보, 1922. 12. 11).

한편, 식민지 조선에서도 일본에서와 마찬가지로 사회교화 및 지방개량 운동에서 청년단체들이 중요한 역할을 하였다. 청년회 또는 청년단체의 결성이 활발하게 이루어진 것은 1920년부터이다. 일본과 다른 점은 이 시기의 설립된 청년단들은 사회교화나 지방개량에 대한 관심을 가지고 있었지만 보다 근본적으로는 민족주의의 입장에서 자발적으로 만들어진 단체들이 대부분이었고, 이들의 주된 목적은 민족해방과 관련된 것이었다. 실제로 1924년 조선청년연합회와 서울청년회가 중심이 되어 만들어진 조선청년총동맹의 강령에는 "조선민족해방운동"을 명시하고 있다(동아일보, 1924. 3. 2).

이러한 민족해방 및 계급운동을 목표로 하는 자생적 청년단체에 대해 1920년대 초·중반까지 감시와 탄압을 통해 통제하던 총독부의 청년단체 정책에 변화가 나타난 것은 1920년대 후반이다. 청년단체의 규모가 커지자 적극적인 탄압보다는 총독부의 지원을 받는 청년단체를 육성하기 시작한 것이다.

> 이달에 韓國에 청년단체는 970團體에 會員이 12萬에 이르고 소년
> 단체는 170團體에 회원이 8,657名이다. 총독부 내무국에서는 13萬
> 圓의 예산을 투입하여 思想善導의 구실로 反植民的인 단체를 붕괴
> 시키기 위한 보조금 지급을 구상하다.
>
> (동아일보 1929. 6. 23)

조선총독부는 이러한 자발적 청년단체에 맞서 사회중견인물을 양성하고 문화정치의 선구자가 되도록 한다는 명목하에 道사회과를 중심으로 청년단을 만들고 강습회를 실시하였다. 조선총독부의 개입에 따른 청년단 조직은 1929년 충청북도에서 시작되었다. 충북 예산 당국에서는 군내 각 공립보통학교로 하여금 25세까지의 남자졸업생을

중심으로 역행청년단을 조직하게 하였고 보은에서도 보통학교졸업생들을 중심으로 중견청년단을 조직하였다. 이러한 청년단의 조직은 기존에 존재하던 조선인 청년회를 통제 또는 통합하기 위한 것이었다(정혜정, 2010, pp. 168-169).

3) 공민과 도입 이전 조선 공민교육의 특징

공민과 도입 이전 시기 조선에서의 공민교육은 다음과 같은 특징을 가지고 있다.

첫째, 학교에서의 공민교육은 통감정치 시기 도입된 일본의 '법제경제' 과목을 중심으로 이루어졌다. 그러나 6년의 초등 의무교육이 실시되면서 중등교육의 저변이 확대되고 있던 일본과 달리 식민지 조선에서의 중등교육은 일본인과 소수의 조선인들을 대상으로 한 것이었다. 실제로 1914년 3월 기준으로 조선 전체에서 4년제 고등보통학교의 수는 관립 4개(경성고보, 경성여고보, 평양고보, 평양여고보), 사립 4개(양정고보, 함흥고보, 숙명여고보, 진면여고보)에 불과하였으며 학생 수용인원도 1,126명이었다(朝鮮總督府統計年報, 1914).

이러한 이유에서 학교에서의 공민 관련 교육, 특히 중등학교에서 법제공민을 중심으로 이루어진 공민교육은 공민으로서의 자질을 함양하는 교육(또는 정치 교육)이 아닌 진학 또는 전문 직업교육을 위한 것이었고 교육내용 또한 법학개론이나 경제학개론 수준의 전문적인 지식들이 다루어졌다(市村秀志, 1932, p. 18).

둘째, 사회에서의 공민교육은 자치민 교육이 아닌 식민지 지배체제의 원활한 운영을 위한 사회교화를 중심으로 이루어졌다. 이는 기본적으로 식민지로서 조선에는 일본과 같은 지방자치제도가 없었기 때문이며, 1920년 이후 과도기적 지방자치제라고 선전되어 시행된 지방제도에서도 자치적인 의결기구 대신 자문기구들만이 존재하였기 때문이다. 일본의 식민지 정책에서는 자치의 능력을 갖춘 공민의 양성보다는 식민지 지배에 협조적인 계몽된 신민이 필요하였던 것이다. 이를 위해 조선총독부는 민족해방을 목표로 한 청년단체의 활동을 억압하고 식민 지배에 협조적인 청년단체의 조직과 운영을 지원하였다.

Ⅳ. 공민과의 성립과 공민교육의 정착

1. 일본 교육에서의 공민과 성립과 정착

1) 일본 공민과 성립의 배경

학교 교육차원에서는 법제경제 교육, 그리고 성인교육차원에서의 자치민 교육이라는 의미로 사용되던 일본의 공민교육에 변화가 나타난 것은 제1차 세계대전 이후이다. 1차 세계대전의 종전 이후 나타난 경제공황으로 인한 사회적 불안과 보통선거제의 도입에 따른 정치의식 고양으로 공민교육의 필요성이 증대되었고, 이를 뒷받침할 수 있는 미국과 독일의 공민교육 사상도 유입되었다.

특히 공민과 성립에 영향을 준 공민교육 사상은 듀이로부터 시작되었다. 듀이는 아동들을 미래의 시민이 아닌 현재의 시민으로 파악하고 이들이 살아가는 사회생활 속에서의 실천적 측면을 공민교육에서 강조해야 한다고 주장하였다. 이와 같은 듀이의 사상은 케르센슈타이너에 의해 독일에 도입되었고, 미국에서는 던에 의해 공동체 공민으로 불리는 신공민(new civics)의 성립을 가져왔다. 일본의 공민과 성립에 결정적인 교육사상적 토대를 제공한 것이 바로 케르셴슈타이너의 공민교육론과 던의 신공민이었다.

2) 일본 공민과의 성립과 정착

공민교육이 학교 교육에서 공식적인 관심을 받게 된 것은 1920년 실업보습학교 규정의 개정을 통해 공민교육이 직업교육과 함께 실업보습학교의 교육목표가 되면서부터이다. 이후 1922년 '실업보습학과 과정에 관한 건'이라는 통첩에서 공민 영역은 '공민 심득(citizenship)'의 형태로 수신과의 일부, 즉 후기 수신과의 주요 내용으로 등장한다. 그리고 공민교육조사위원회의 활동을 거쳐 1924년 공민과 교수요강이 발표되면서 공민과는 독립된 교과로서의 학교교육에 공식적으로 등장하였다. 공민과의 교수요강이 발표되고 공민과가 독립된 교과로서 설치될 수 있는 가능성은 열렸지만 1920년대 후반까지 공민과는 필수과목이 아닌 일종의 학교 선택과목이었다. 이에 따라 문부성에서는 공민과의 정착을 위해 강습회 및 사범학교 교육과정 개정 등을 통하여 필수과목으로 하기 위한 지속적인 노력을 하였다. 이러한 노력의 결과 1930년 실업학교, 1931년 중학교와 사범학교, 1932년 고등여학교에서 공민과가 필수과목으로 지정되었다(김종식, 2011).

3) 일본 공민과의 성격

공민과의 도입과정에서 일본 공민교육은 다음과 같은 성격변화를 겪게 된다.

첫째, 공민교육의 대상이 되는 공민의 개념이 확장되었다. 1924년 공포된 공민과는 사회구성원으로서 그리고 평등한 존재로서 '공민' 개념을 전제하고 있다. 공민의 자격은 더 이상 법적 지위 또는 참정권의 보유 여부, 정치지도자로서의 역할수행 가능성 등으로 구분되지 않게 되었고 일본 사회의 구성원으로서 인식되었다. 천황을 제외한 모든 이들은 평등한 존재로 인식되었으며, 아동들도 미래가 아닌 현재 시점에서의 공민으로 인식되었다.

둘째, 공민교육의 내용 구성요소가 되는 공민들의 생활영역이 확장되었다. 공민의 사회구성원의 차원으로 확장되면서 가정이나 학교 각종 사회단체 등도 공민들이 능동적인 주체로서 살아가는 다양한 생활영역들과 관련된 사항들이 공민과의 교육 내용에 포함되었다. 공민과에서 다루어지는 생활영역은 가족생활, 학교생활, 직업생활, 향토와 사회와의 관계, 자치생활, 국가생활, 국제생활 등으로 구분할 수 있다.

이와 같은 특징을 고려해볼 때 1924년 교수요강에서 나타난 일본 공민과는 이전 법제경제 관련 지식을 전달하던 학교 차원의 공민교육이나 자치민 교육의 성격을 가졌던 사회교육 차원의 공민교육과는 구분되는 듀이적 전통에 따른 신공민적 성격을 가지고 있다고 분석할 수 있다.

2. 조선 교육에서의 공민과 도입

1) 공민과의 도입 배경

식민지 조선에서 공민과가 도입된 것은 기본적으로는 2차 교육령 이후 조선의 교육이 일본에 동조하게 되면서 일본의 공민과 도입이 반영된 것이다. 그러나 이와 같은 형식적인 배경보다 더욱 중요한 것은 실질적인 도입 배경이다. 보통선거제의 도입에 따른 정치 교육의 필요 및 경제공황 등에 따른 사회문제를 해결하기 위해 공민과를 중등교육의 필수과목으로 설치했던 일본 공민과의 성립 논리를 식민지 조선에 동일하게 적용할 수는 없기 때문이다.

식민지 조선에서의 공민과 도입의 핵심적인 배경은 지방자치제도의 실시였다. 1920년 이후 시행되었던 자문기관 중심의 지방자치는 1930년 지방제도에 의결기관을 두게 되면서 비교적 큰 변화를 맞게 되었다. 1930년 조선총독부는 도제(제령 제15호)와 부제(제령 제11호) 읍면제(제령 제12호)를 개정, 공포하였는데 이를 통해 도부읍에 자치제도가 실시되고, 또 부회, 읍회, 면협의회 등의 각종 의결기관 설치를 위한 법률적 토대가 마련된 것이다(조선총독부관보, 1930. 12. 1).

구체적인 개정 내용은 기존의 자문기관들이 의결기관으로 전환되었고, '읍회'가 새로운 의결기관으로 도입되었으며, 의원들의 선출방식에 있어 관선이 줄어들고 민선이 확대되었으며, 의원의 임기가 3년에서 4년으로 늘어났다. 부회(府會)의원, 읍회(邑會)의원, 면협의회원에 대한 選擧는 1934년 최초로 이루어졌다.

이 시기 조선총독부 학무국장이었던 武部欽一는 일본 본토에서 시행된 보통선거제도와 조선에서 공포된 지방자치제도의 개정 등에서 비롯된 사회적 요구가 공민과 도입을 필요하게 만들었다고 주장했다. 일본에서는 보통선거제 도입에 따른 '입헌정치'의 실시로 그리고 식민지 조선에서는 지방자치제도의 실시로 공민의 정치 참여가 중요한 의미를 가지게 되었고 그 결과 공민교육에 대한 사회적 요구가 확대되었다는 것이다(武部欽一, 1931). 일본의 중의원 선거에 참여할 수 있는 참정권을 가지지 못했던 식민지 조선에서 지방자치제도가 시행되면서 정치 교육의 필요성이 증대된 것이다.[24] 일본의 공민과 성립에 있어 보통선거의 실시가 중요한 배경이 되었다면 조선에서의 공민과 도입은 지방자치제도의 활성화와 함께 이루어진 것이다.

그러나 일제에 의해 시행된 지방제도는 자치 측면을 대외적으로는 강조하였지만 실질적으로는 그렇지 못했다. 유권자의 자격은 기존과 동일하게 유지되었고 이는 다음과 같은 사설을 통해서도 알 수 있듯이 개정된 자치제도하에서도 선거권은 일본인이나 소수의 조선인 지역 유지들에게 주어진 특권과 같은 것이었다.

> 부세 5원 이상을 바칠 수 있는 정도의 재산가가 얼마나 될 것인가. 일본인은 그가 십이면 팔구이되 조선인은 일본 사람보다 인구는 많으나 그 5원이 이상의 부세를 낼 수 있는 재산가 그 實數에 있어서는 일본 사람보다 훨씬 적다는 것이다. 그러니 선거할 자격도 적고 선거를 받을 자격도 적다. 그리고 감옥에 가서 증역한 자는 그 자격이 없다. 지금 조선사람의 형세로는 감옥에 가보지 못한 사람은 거의 병신 같은 사람들이다. 이일저일 하야 감옥에 가지 않고는 견디지 못할 일이 많았다. 이 두 가지의 사정은 오늘날의 조선 사람으로 하야금 지방자치제의 간여할 자격을 상실시켰다(김세성, 1931, p. 5).

2) 공민과의 도입

조선 교육에 있어 공민과가 도입된 것은 1931년이다. 중등교육기관에 해당하는 실업학교에 공민과가 도입되면서 독립된 과목으로서 공민과가 최초로 식민지 조선에서 등장하였다. 1930년 가을학기 일본의 실업보습학교에서 필수과목으로서의 지위를 가지게 된 공민과가 이듬해인 1931년 4월 조선의 신학기에 실업학교에서 설치된 것이다.

---

24) 유권자의 납세 범위에 학교비 학교조합비가 포함되면서 자녀들을 보통학교에 보내던 일본인들이 유리하게 되었다고 한다.

총독부에서는 소화 6년도(1931)부터 농업·상업·공업·수산 같은 각종 실업학교에 공민과를 설치하야 광범위의 공민교육을 하기로 결정되었는데 시간은 매주 1시간 내지 2시간이 되리라 한다(동아일보, 1931. 1. 8).

이후 1932년 1월 중학교규정과 「고등보통학교규정」이 개정되면서 법제경제가 폐지되고 공민과가 고등보통학교에서 공민교육의 핵심 교과목으로 설치되었다. 중학교에서 공민과는 5학년에 2시간이 배정되었으며 고등보통학교에서는 5학년에 1시간이 배당되었다. 또한 1932년 3월에는 중등남자학교뿐만 아니라 중등여학교인 고등보통여학교에도 공민과를 설치되었다.

고등보통학교규정이 개정(부령 13호)되어 학과목과 교수내용이 개정되다. 교과목이 수신, 공민과, 일어와 한문, 조선어와 한문, 외국어(영어, 불어, 독어 또는 중국어), 역사, 지리, 수학, 이과, 실업, 도화, 음악, 체조로 일부 변경되다. 즉, 법제와 경제를 폐지하고 공민과를 신설하여 소위 공민적 생활을 위한 지덕 함양 그리고 준법정신과 공존공영을 위한 봉임, 협동의 기풍을 육성하는 데 역점을 두었으며, 외국어에 지나어를 추가하고 창가를 음악으로 바꾸었다(조선총독부관보 1932. 1. 18).

총독부에서는 중등교육실제화의 일방법으로서 중학교와 고등보통학교의 교수과목을 개정하야 4월 1일부터 실시하기로 하였던바 그 후에 또다시 여자고등보통학교와 고등여학교의 법제정치를 폐지하고 그 대신 공민과를 넣기로 결정하였다. 그와 동시에 11일부로 부령 제24호로 여자고등보통학교규정의 일부를 개정하야 4월 1일부터 실시하리라 한다(동아일보, 1932. 3. 13).

조선에서 시행된 공민과의 교육내용은 다음과 같이 조선총독부에서 만든 고등보통학교용 교과서를 통해 확인할 수 있다.

<표 3-2> (中等教育)公民科教科書(朝鮮總督府編, 1934)

第一章 우리 집: 가정생활, 가족제도, 가계
第二章 우리 향토: 향토와 그 개발
第三章 우리나라: 국민생활의 의무, 우리의 황실, 우리의 국체
第四章 교육: 인간과 교육, 가정교육·학교교육·사회교육, 조선의 교육제도
第五章 신사: 신사, 경신(敬神)과 숭조(崇祖)
第六章 종교: 종교, 신앙의 자유
第七章 직업: 직업과 인생, 직업의 선택, 근로와 연구, 직업과 도덕
第八章 산업: 산업과 국민경제, 농업, 공업, 상업, 기타 산업
第九章 사회 개선: 생활의 개선, 사회사업
第十章 교통: 교통기관, 교통과 문화
第十一章 공안: 경찰과 공중, 재해방지, 공중위생
第十二章 지방공공단체: 도·부·읍·면, 학교조합, 학교비
第十三章 국헌·국법: 천황, 제국헌법, 국법, 준법
第十四章 황실과 신민
第十五章 제국의회: 제국의회의 조직, 제국의회의 작용
第十六章 국무대신·추밀고문
第十七章 행정관청: 내각, 각성대신, 조선총독부, 지방행정관청, 관리
第十八章 재판소: 사법, 재판소, 소송·조정
第十九章 재정: 세입·세출, 조세, 관업, 공채, 조선の특별회계
第二十章 국교와 국방: 국교와 조약, 국방과 군비, 국교·국방과 국민
第二十一章 공민생활

3) 조선에 도입된 공민과의 특징

일제 치하 조선에 도입된 공민과의 특징은 본질적으로는 일본 공민과로부터 영향을 받은 것이다. 사회정치제도, 특히 교육에 있어 일본과의 동조화 현상이 강하게 나타났던 시기였기 때문에 조선의 공민과는 일본 공민과를 기본 모형으로 하였던 것이다. 그러나 일본 공민과가 그대로 적용될 수는 없었다. 보통선거권 등과 같은 민주정치제도에 기반하여 발전된 일본 공민과는 제한된 선거권조차 인정받지 못하고 있던 식민지 상황과는 맞지 않았기 때문이다. 따라서 조선에 도입된 공민과는 일본 공민과와 공통점도 가지지만 일정부분 차별화되는 차이점도 가지고 있다. 먼저 조선에 도입된 공민과와 일본 공민과의 기본적인 공통점은 미국의 공동체 공민으로부터 영향을 받았다는 것이다. 조선에 도입된 공민과는 일본의 공민과와 마찬가지로 법률에 대한 지식 중심의 공민교육이 아닌 실생활과 관련된 실천적 의미의 공민교육이었다. 또한 정치생활뿐만 아니라 경제생활 및 사회생활에도 유능한 공민을 기르고자 하는 넓은 의미의 공민교육이었다. 이와 같이 미국의 공동체 공민으로부터 받은 영향은 미국 공동체 공민의 교과서 목차와 유사하게 공동체에 대한 이해(가족생활, 향토생활, 국가생활 등), 공동체 복지의 구성 요소(종교, 교육, 경제, 사회복지, 공안 등), 헌법과 정부 조직 등에 대한 설명으로 구성된 조선 공민과 교과서의 내용-체계에서도 확인할 수 있다.

다음으로 조선에 도입된 공민과는 일본 공민과와는 다른 차이점도 가지고 있다.

가장 기본적인 차이는 조선의 공민과에서는 '인간과 사회'에 대한 내용이 빠져 있다는 점이다. 일본 공민과 교수요목은 개인과 사회의 관계에 대한 강조에서 시작하고 있다. 이는 개인의 독립성과 평등에 대한 관념을 함양하기 위한 것이었으며, 개인과 사회와의 관계를 명료하게 의식하여 현재의 사회문제 해결에 사회의 발달에 문화의 진전을 위해 노력할 수 있는 공민을 양성하기 위한 것이었다(武藤拓也, 1994, p. 172). 그러나 조선에 도입된 공민과에서는 이와 같은 내용이 생략되어 있다. 사회구성원으로서 주체적인 개인을 강조하던 내용이 사라진 것이다. 이는 일본의 식민정책에서 제국의회 의원에 대한 선거권이 인정되지 않는 식민지 조선인들에게 주체적이고 능동적인 개인으로서의 의식은 불필요한 것으로 생각하였기 때문으로 판단된다.

또한 조선의 공민과에서는 정치제도 관련 내용 지방자치제도 및 신민으로서의 권리 등과 같이 부분에 있어서는 일본과는 다른 식민지로서의 특수성이 반영되어 있다. 예를 들어 신민으로서의 권리 중 중의원 선거와 관련된 내용은 제한적으로 다루어졌다. 예를 들어 조선총독부에서 발간한 공민과 교과서에도 신민의 권리로 자유권, 청구권, 참정권 관련 내용이 다루어지기는 하지만 참정권의 경우 일본 본토가 아닌 조선과 대만에는 부여되지 않는다는 지역적 제한이 명시적으로 제시되고 있다.

끝으로 시수 배정에 있어서도 일본의 공민과와 조선의 공민과는 차이를 보였다. 일본의 경우 공민과를 중등교육 기간 동안 2년 내지 3년을 가르치는 반면 식민지 조선에서는 1년 동안 매주 2시간씩 가르치는 것에 불과하였다. 조선에 공민과를 도입하기는 하였지만 그 중요성에 대한 인식은 일본에서의 공민과에 대한 인식과는 차이를 보였다.

V. 결론

일제 식민 치하에서 일본 교육에 직접적인 영향을 받게 된 조선의 공민교육은 학교 공민교육보다는 사회교육 차원의 공민교육으로서 위상을 가지고 있었다. 식민지 주민들에 대한 공민교육에 대해 별다른 관심을 가지지 않았던 일본 정부와는 달리 1919년 3·1운동 이후 고조된 민족운동 세력은 사회교육 차원의 공민교육을 위해 각종 청년단체를 세우고 이들을 중심으로 전국적인 공민교육 조직을 발전시켰다.

이와 같은 민족운동 진영 중심의 공민교육을 감시하고 탄압하던 조선총독부는 1920년대 후반에 정책 변화를 통해 적극적으로 사회교육 차원의 공민교육을 지원하였을 뿐만 아니라 학교 교육 차원에서도 일본의 공민과를 도입하였다. 당시 일본의 공민과는 미국의 공동체 공민 등에서 제시된 확장된 공민 개념과 생활양식으로서의 민주주의에 바탕을 둔 새로운 패러다임의 공민교육으로서의 위상을 가지고 있었다.

이러한 사회정치적 배경에서 일본에 의해 도입된 '공민과'는 이전 시기 '법제경제'라는 전통적 공민교육 과목과는 달리 20세기 초반 미국의 공민교육 사상을 담고 있는 현대적인 공민교육 과목으로서 위상을 가지고 있다.

미국의 공동체 공민에 영향을 받은 새로운 패러다임의 공민교육 교과가 도입되었음에도 불구하고 조선의 공민과는 진정한 공민교육 교과로서의 의미를 가질 수는 없었다. 미국과 같은 민주주의 사회에서 발달한 공민교육 교과와는 정치적·사회적 배경 자체가 달랐기 때문이다. 또한 입헌군주제라는 정치제도로 인해 미국의 공민교육 사상을 제한적으로 수용할 수 있었던 일본과는 달리 참정권 및 자치권을 부여받지 못한 식민지 체제의 특수한 상황이 공민교육의 발달을 저해하는 근본 요인이 되었던 것이다.

일제식민지라는 특수한 사회적·정치적 상황에서 조선의 공민교육은 자치민 교육 또는 보통교육으로서 성격을 획득하지 못한 채 신민으로서 갖추어야 할 자질을 강조하는 신민 교육, 일본 식민지체제에 협조하는 엘리트 양성을 위한 교육 등의 성격으로 변질되었다. 결국 일본에 의해 공민교육 관련 사상과 교과로서 공민과가 도입되었음에도 불구하고 식민지라는 특수상황으로 인해 조선의 공민교육은 공민 없는 공민교육, 민주주의 없는 공민교육으로 귀결될 수밖에 없는 한계를 가지고 있었던 것이다.

참고문헌

김세성(1931). "今日의 問題, 地方自治制 이야기". 『별건곤』. Vol. 40. pp. 4-5.
김종식(2005). "근대 일본 공민교육의 성립과 청년정책". 『역사교육』. Vol. 96. pp. 195-224.
김종식(2011). "공민교육을 통한 근대 일본 국민상의 모색". 『동양사학연구』. Vol. 14. pp. 225-258.
이송희(2005). "일제하 부산지역 일본인사회의 교육(1) - 일본인 학교 설립을 중심으로 -". 『한일관계사연구』. Vol. 23. pp. 203-251.
장응진(1907). 敎授와 敎科에 對하야. 태극학보. 15호. pp. 15-20.
정혜경(2011). "식민지시기 조선 거주 일본인들의 조선농촌진흥교육". 『한국민족운동사연구』. Vol. 67. pp. 295-340.
한용진 외(2010). 『우리나라의 1945년 이전 국가 수준 교육과정』. 한국교육과정 평가원 연구 보고서 RRC 2010-7-2.

敎育新潮硏究會 編(1924). 『(最近)公民敎育大觀』. 東京: 中興館.
島田俊雄(1906). 『國定敎科書に於ける法制經濟』. 東京: 淸水書店.
市村秀志(1932). "公民敎育の中心問題". 『朝鮮の敎育硏究』. Vol. 5 No. 1. pp. 15-20.
朝鮮總督府 編(1917). 『法制經濟敎科書: 法制.經濟ノ部. 1-2』. 京城: 朝鮮總督府.
朝鮮總督府學務局社會敎育課(1937). 『朝鮮社會敎化要覽』. 京城: 朝鮮總督部學務局社會敎育課.
千葉敬止(1926). 『(內外に於ける)輓近の公民敎育と其の方法』. 東京: 敎育硏究會.

사회과의 도입과 공민교육

I. 서론

공동체 공민으로 대표되는 20세기 초반 미국에서 등장한 새로운 형태의 공민교육은 해방 이전 일제 치하에서 공민과라는 명칭으로 도입되었다.

그러나 일제 치하에서 도입된 공민과는 가장 기본적인 공민권인 선거권조차 주어지지 않았던 식민지배하에서 정상적인 공민교육을 위한 역할을 제대로 수행할 수 없었으며, 이후 일본의 군국주의가 강화되면서 신민으로서의 역할을 강조하는 수신과에 예속될 수밖에 없었다.

이후 공민교육이 다시금 등장한 것은 해방 이후 미군정하에서이다. 미군정하에서 수신과는 폐지되었고, 미국의 사회과 도입이 추진되었다. 사회과 도입에 따른 논란이 있었지만 초등은 통합형의 사회과 교수요목이 중등은 지리, 역사, 공민으로 분리된 분과형의 사회과 교수요목이 만들어졌다. 이와 같은 교수요목에 근거하여 교과서가 개발되었고 학교 현장에서 공민교육이 새롭게 시작된 것이다. 이후 사회과 공민교육은 '일반사회'로 명칭의 변화는 있었지만 민주주의 교육을 위한 핵심적인 역할을 해왔다.

본 연구에서는 해방 이후 사회과의 도입 과정에서 등장한 새로운 공민교육을 교수요목 및 교과서에 대한 분석을 통해 살펴보고자 한다. 이를 통해 교수요목기 사회과 교수요목이 가지고 있는 특징을 파악하는 동시에 학교 현장에서 이와 같은 교수요목이 어떤 의미를 가지고 적용되었는지에 대해 확인하고자 한다. 나아가 교수요목기에 도입된 새로운 공민교육이 20세기 초반 미국 공민교육과 어떠한 유사성을 가지고 있는지 검토하여 사회과 교육에서 공민 영역의 위상을 새롭게 이해하는 토대를 마련하고자 한다.

이에 본 연구에서는 다음과 같은 네 가지 연구문제를 중심으로 논의를 진행하고자 한다.

첫째, 미군정기 사회과 도입과 교수요목 제정이 어떻게 이루어졌는가?
둘째, 사회과 공민 영역 교수요목에서 나타나고 있는 기본 전제들이나 내용조직 원리들은 미국의 공동체 공민과 비교해 볼 때 어떤 특징을 가지고 있는가?
셋째, 사회과 공민 영역 교수요목에서 나타난 공동체 공민의 특징은 사회과 교과서에 어떻게 반영되고 있는가?

이러한 연구문제 해결을 위해 본 연구에서는 미군정기 교육정책 및 사회과 성립 과정에 대한 일반적인 연구자료뿐만 아니라 교수요목 등과 같은 초기 사회과의 공식적 문건, 사회과 교과서, 국사편찬위원회에서 제공하는 "자료 대한민국사 DB(1945. 8. 15부터 1950. 6.

24까지의 신문기사 수록)", 미군정과 정부수립 초기의 신문기사 DB, 미군정과 정부수립 초기의 교육관련 잡지, 편수관들의 회고록, 편수관 및 출판업자들의 인터뷰가 실려 있는 잡지 등의 1차 자료를 활용하여, 미군정기와 정부 수립기의 학교 현장에서 사회과 교육이 이루어지는 상황을 현실적으로 그리고 구체적으로 재구성하여 한국 사회과의 도입기 모습에 대한 이해를 돕고자 한다.

Ⅱ. 사회과의 도입과 교수요목[25]

1. 사회과의 도입과 시수 배당

우리나라 학교 교육에서 사회과의 도입은 신교육 제도의 도입에 따라 이루어졌다. 1945년 8월 15일에 해방이 되었지만 남한은 미군정 하에 놓이게 되었으며, 미군정은 과거 일본에 의해 만들어진 전체주의 교육(군국주의)이 아닌 새로운 민주주의 교육제도를 수립하고자 하였다(차조일, 2008, p. 7).

1945년 말부터 1946년 초까지 조선교육심의회 운영을 통해 교육관련 주요 안건들에 대해 의견을 수립한 미군정은 1946년 9월부터 신교육 제도에 따른 학년 학기를 운영하기로 결정하고 신교육 제도에 따른 초등학교와 중등학교의 교과 편제 및 시간 배당을 <표 4-1>, <표 4-2>, <표 4-3>과 같이 공포하였다(최원형, 1987, pp. 346-348;

---

25) 이 부분은 2012년 시민교육연구에 실린 "한국 초기 사회과의 교과서 제도 분석"(차조일 외)의 Ⅱ장을 바탕으로 교수요목의 특징에 대한 분석을 추가한 것이다.

교육과학기술부, 2008a, p. 39; 교육과학기술부, 2008b, p. 38-39). 이를 통해 한국 사회과는 학교 교육과정에 공식적으로 도입되었으며 이와 함께 필수교과로서의 지위 또한 가지게 되었다.

<표 4-1> 국민 학교 교과목 및 연간 수업 시간표(1946. 9)

교과 \ 학년	1학년	2학년	3학년	4학년	5학년	6학년
국 어	360	360	360	360		
사회생활	160	160	160	160	320 남 240 여 200	320 240 200
이 과	—	—	—	—	160	160
산 수	160	160	160	160	200	200
보 건	200	200	200	200	200	200
음 악	80	80	80	80	80	80
미 술	160	160	160	160	남 160 여 120 여 80	160 120 80
가 사	—	—	—	—		
계	1,120 (28)	1,120 (28)	1,200 (30)	1,360 (34)	1,360 (34)	1,360 (34)

※ 시간 수는 1년을 40주로 하여 교과별 연간 이수시간 수를 나타낸 것임.

<표 4-2> 초급 중학교 1, 2, 3학년 교과 과정표(1946. 9. 20)

과목	학년	1학년	2학년	3학년
필수과목	국 어	5	5	5
	사회 생활	5	5	5
	수 학	5	5	0
	일반 과학	5	5	5
	체육 · 보건	5	5	5
	실 과	2	2	2
	음 악	2	2	2
선택과목	수 학	0	0	0
	외 국 어	5	5	5
	음 악	1~2	1~2	1~2
	미 술	1~2	1~2	1~2
	수 공	1~2	1~2	1~2
	실 업	0~10	0~10	0~10
특수과목	국 어	1	1	1
	과 학	1	1	1
합 계		39	39	39

<표 4-3> 고급 중학교 4, 5, 6학년 교과 과정표(1946. 9. 20)

과목	학년	4학년	5학년	6학년
필수과목	국 어	3	3	3
	사회생활	5	6	5
	수 학	5	0	0
	과 학	5	5	0
	체육 · 보건	3~5	3~5	3~5
	외 국 어	0~3	0~3	0~3
선택과목	국 어	2	2	2
	사회생활	(5)	(5)	(5)
	수 학	0	5	5
	과 학	0	0	5
	외 국 어	5	5	5
	음 악	1~3	1~3	1~3
	미 술	1~3	1~3	1~3
	심 리	0	0	5
	실 업	5~18	5~20	5~25
합 계		39	39	39

1946년 9월에 교과 편제와 시수 배당이 공포되었음에도 불구하고 1946년 6월까지만 하더라도 사회과 도입에 대한 논란으로 인해 도입 여부가 결정되지 않았으며 교과 명칭도 확정되지 않은 상태였다. 이 시기 사회과 도입을 둘러싼 논란은 다음과 같은 신문 기사를 통해서도 확인할 수 있다.

> 이즈음 문교부 미군 측에서는 지리, 역사, 공민을 사회과학이란 이름 밑에서 한 단위의 교과교목으로 하자는 안과 세 교과 편찬위원들과의 의견상 상위로 공부를 시작한 지 어언 반 개년이 넘도록 아직까지 교과요목을 정하지 못하고 교과서 편찬도 할 수 없게 되어 있다(동아일보, 1946. 6. 15).

따라서 1946년 9월 교과 편제와 시간 배당의 공포는 사회과 도입 여부를 둘러싼 논란이 일단락되고 사회생활과가 공식적으로 학교 현장에서 교과로서 지위와 시수를 가지기 시작하였음을 의미한다.

2. 사회과 교수요목의 제정

교과 편제 및 시수 배당을 통해 학교 현장에서 교과로서 위상을 공식적으로 가지게 된 사회생활과를 구체화시키기 위해서는 무엇을 어떻게 가르칠 것인지에 대한 논의가 필요하였다. 당시에는 현재와 같은 교육과정 개념이 도입되지는 않았기 때문에 교수요목(course of study)의 형식으로 교육과정이 제정되었다. 교수요목이란 교육현장에서 학생들에게 가르칠 수업내용 또는 수업주제 등을 나열한 것이다. 미군정은 교과별로 교수요목제정위원회를 조직하고 교수요목 제정 작업을 진행하였다.

교수요목이 제정된 것은 교수요목 제정위원회가 조직된 뒤였습니다. 각 교과에 대해 모두 결정된 것은 12월이고 47년 1월에 (초등) 교수요목집이 책으로 나왔는데 교과별로 무엇을 가르친다는 내용을 줄거리만 제시한 것입니다. 영어의 syllabus에 해당될 것입니다 (이경훈 외, 1991b, p. 98).

사회과의 경우 다른 과목들보다 교수요목 제정이 시급하였다. 기존에 존재하지 않았던 새로운 교과를 도입하기 위해서는 과목 명칭이나 시수보다 왜 무엇을 가르칠 것인지에 대한 고민이 우선되어야 했기 때문이다. 그러나 초기 사회과 도입 과정에서는 교수요목의 개발은 적절한 시기에 이루어지지 못하였다. 신교육 제도의 시작 시기는 1946년 9월로 정해진 상태에서 여러 교과들의 교수요목을 한꺼번에 만드는 것이 쉬운 일도 아니었을 뿐만 아니라 교수요목 제정 과정에서 나타난 여러 논란을 감안할 때 혼란은 불가피하였다고 할 수 있다. 그 결과, 1946년 9월 신교육제도의 실시로 사회과에 대한 시수 배당이 이루어졌음에도 불구하고 교수요목이 마련되지 않는 상황이 나타났다.

초등의 경우 교수요목집이 발간된 것은 1947년 1월이었고 사회과 교수요목이 제정된 것은 1946년 12월이다. 1946년 6월까지는 사회생활 도입 여부에 대한 논란이 지속되었으며, 이후 허현이 『사회생활해설』의 서문을 쓴 7월경만 하더라도 교과 명칭도 확정되지 않은 상태였기 때문에[26] 초등 교수요목이 제정된 것은 1946년 하반기임을 추

---

26) 허현(1946)은 서문에서 "사회생활이라는 용어는 여러 가지로 생각하여 보았으나, 천하의 식자에게 더 적절한 용어표현을 仰託(앙탁)한다."라고 기술하여 사회생활이라는 용어가 확정된 것이 아니었음을 명시하고 있으며, 본문 내용 중에서도 사회생활 대신 사회공부라는 용어를 주로 사용하고 있다. 이를 토대로 사회생활이라는 용어가 적극적으로 제시된 것은 8월 이후임을 짐작할 수 있다. 한편 최병칠(1971)은 사회생활이라는 표현은 당시 편수국장이었던 최현배의 작명이었다고 주장한다.

측할 수 있다.27)

제정 시기가 비교적 명확하게 알려져 있는 초등과 달리 중등 사회
과의 경우 교수요목 제정 시기가 명확하게 알려져 있지 않다. 이는
초등보다 1년 이상 더 늦게 교수요목이 개발되었고 관련 내용을 정확
하게 알려줄 수 있는 1차 자료가 절대적으로 부족하기 때문이다. 각
종 교과서 서문에 교수요목이 없어서 겪는 어려움을 제시하고 있는
것을 볼 때 1948년 초까지도 교수요목이 제정되지 않았음을 알 수 있
다. 이후 중학교 사회과 교수요목집이 1948년 12월 발간되었다는 사
실에 비추어 볼 때 1948년 중에 중학교 교수요목이 제정되었음을 추
측할 수 있다.28)

---

27) 교육부 교육정책과에서 지난 2000년 발행한 '초 · 중 · 고등학교 사회과 · 국사과 교육과정 기준'에서는
국민학교 교수요목 상단에 "1946. 9. 1. 미군정청 편수국"이라는 문구가 삽입되어 초등학교 사회생활과
교수요목 제정 시기에 대한 혼란을 주고 있다. 이와 같은 문구를 삽입한 이유는 '1946년 9월 1일'이 새
로운 교육과정(교수요목)에 따른 신학기가 시작된 시기로 교수요목기의 출발점으로 인식되고 있기 때문
으로 판단된다. 각 과목별 교수요목 제정 과정이나 공포시기에 대해 명확한 기록이 남아있지는 않지만
'초중등 학교 각과 교수요목집'의 발행시기를 참고로 하여 부분적으로는 추측 가능하다. 교육부의 문서
에 실려 있는 사회생활과 교수요목은 군정청 문교부에서 발간한 『초중등 학교 각과 교수요목집 4』에서
발췌한 것으로 보이며, 이 책의 발행시기는 1947년 1월 10일이다. '초등학교 산수과'와 '중학교 수학과'
에 대한 내용을 싣고 있는 『초중등 학교 각과 교수요목집 3』의 발행시기가 1946년 11월 17일이며, 중
학교 사회생활과의 교수요목은 『초중등 학교 각과 교수요목집 12』에 실려 있다. 이러한 점들을 고려할
때 교수요목이 1946년 9월 이전에 각과별로 모두 만들어진 상태에서 공포되었다고 보기는 어렵다. 참고
로 1948년에서 1961년까지 편수관으로 근무하였던 홍웅선에 따르면 군정청 학무국에서 교수요목제정
위원회를 조직한 것은 1946년 10월이었고 각 과 교수요목 제정을 교과별로 끝낸 것은 같은 해 12월이
었다고 한다(홍웅선, 1992, p. 35).

28) 중학교 교수요목의 정확한 제정 시기는 논란이 있을 수 있다. 1948년 발행된 교과서 서문에서 나타나는
교수요목 관련 언급에 대한 분석을 통해 7월에 쓰여진 권상철 등의 서문에서 교수요목 제정 사실을 확
인한 이진석(1992)는 1948년 3∼5월을 제정시기로 주장했다 그러나 같은 7월에 쓰여진 오준영의 서문
에는 교수요목제정위원회가 만들어졌다는 사실만이 나타나고 있으며 김두헌 등의 1949년 서문에서는
"해방 이후로 우리나라 학교교육은 갑자기 일신하지 않으면 아니 될 사정이었으므로 적당한 교과서를
얻는 데 매우 곤란한 처지에 있었거니와 그중에서도 사회생활과 공민교과서는 그 내용을 어떻게 할 것
인가를 결정하기에 더욱이 곤란을 느껴 왔다. 다행히 우리 민국정부가 선 이후로 문교부에서 교과요목
을 제정하게 되어 여기에 큰 광명을 얻었다."라고 되어 있어 1948년 3∼5월 제정설에 대한 반론이 가
능하다.

3. 사회과 교수요목의 특징

1) 사회과의 목적

사회과 교수요목에서 제시되고 있는 초등과 중등 사회생활과의 기본적인 목적은 다음과 같다.

> 사회생활과(Social Studies)는 사람과 자연환경 및 사회환경과의 관계를 밝게 인식시켜 사회생활에 성실, 유능한 국민이 되게 함을 목적으로 함.
>
> (국민학교 사회생활과 교수요목)

> 중학교 사회생활과는 사람과 자연환경 및 사회환경과의 관계를 밝게 인식시켜, 올바른 사회생활을 실천 체득하게 함으로써, 민주주의 국가의 성실 유능한 국민이 되게 함을 목적으로 함.
>
> (중등학교 사회생활과 교수요목)

교수요목에 제시된 사회과의 목적에 대한 진술에서 나타나는 특징은 다음과 같다.

첫째, 시민 또는 공민으로서 경험하게 되는 다양한 차원의 사회생활에 대한 강조보다는 사람과 환경과의 관계 인식이 우선적인 과제로 제시되고 있다. 인간과 환경과의 관계에 대한 강조는 '선량한 시민'에게 요구되는 인지적 능력의 핵심 요소로 보기는 어렵다. 오히려 사회와 시민의 관계 또는 사회에서 시민의 역할을 명확하게 인식하고 이를 토대로 올바른 사회생활을 실천하는 것이 '성실 유능한 국민'에게 필요한 핵심적인 자질이다. '사람과 환경의 관계에 대한 인식'은 일반적으로 사회과의 일반적인 목적이 아닌 지리 영역의 목표로서 제시되는 것인데 사회과 교수요목에서는 특이하게 사회과에서 추구해야 할 일반적인 인지적 목표로 제시되고 있다.

둘째, 미국 사회과에서 목표로 하는 선량한 시민 또는 공민(good citizen) 대신 '성실 유능한 국민'이 사회과의 공식적인 목표로 제시되고 있다. 일제시대 공민과가 설치되면서 학교 교육의 목표로서 선량한 공민 양성 또는 공민 심득(citizenship) 관련 내용이 소개되어 있었으며, 초등의 경우 미국 콜로라도 덴버의 교수요목을 참조하였기 때문에 사회과의 목표로서 Good Citizen에 대한 논의가 있었을 것임에도 불구하고 공민 또는 시민 대신 국민이 사회과의 목표로 제시된 것이다.

이는 해방 이후 건국과정에서의 논의로부터 영향을 받은 것으로 보인다. 해방 이후 건국과정에서 정치 주체, 즉 주권자에 대한 논의는 독립국가 건설을 위해 필수적인 것이었다. 이전에는 존재하지 않았던 새로운 정치체제인 민주적 독립국가 건설을 위해서는 민주적 독립국가의 정치 주체에 대한 새로운 개념이 필요하였기 때문이다. 원래 1919년의 상해임시정부는 대한민국의 정치체제를 '민주공화제'로, 주권자로는 대한민국의 '인민'을 규정하였다. 그러나 해방 이후 남과 북이 분단된 이후 이념 대립이 본격화되면서 인민은 북한에서 주로 사용되었고, 남한에서는 인민 대신 국민을 강조하기 시작하였다.

1945년 9월 창당된 '조선국민당'은 대한민국임시정부를 지지하는 정당이었지만 '국민'이라는 명칭을 사용하였고 이후 '국민당'으로 당명을 수정하였다. 국민당의 정강에서는 '국민 개로의 신민주주의'가 제시되어 주권자로서 '국민'을 상정하고 있음을 알 수 있다. 또한 같은 시기 창당된 한국민주당도 출범 선언문에서 '국민'이라는 용어를 반복적으로 사용하여 새로운 독립국가의 정치 주체로서 '국민'을 강조하였다. 이러한 주권자로서 '국민'에 대한 논의는 이후 '모든 권력은 국민으로부터 나온다.'라는 1948년 제헌 헌법 1조 2항이 공포되면서 공식화되었다(박명규, 2009, pp. 104-105).

2) 사회과의 교수 방침

초등과 중등 사회과 교수요목에서 제시되고 있는 교수 방침은 교수 방법이 아닌 일종의 교과 목표에 해당하는 성격을 가지고 있다. 초등과 중등 사회과 교수요목에서 제시되고 있는 교수 방침의 구체적인 내용은 다음과 같다.

· 초등 교수요목에 나타난 교수 방침
  - 단체생활에 필요한 정신, 태도, 기술, 습관을 양성함.
  - 단체생활의 모든 관계를 이해하게 하며 책임감을 기름.
  - 사람과 환경과의 관계를 이해하게 함.
  - 우리나라의 역사와 제도에 관한 지식을 얻게 함.
  - 우리나라에 적의한 민주주의적 생활 방법에 관한 지식을 함양함.
  - 실천을 통하여 근로정신을 체득하게 함.

· 중등 교수요목에 나타난 교수 방침
  - 공동생활에 필요한 정신, 태도, 기술 및 습관을 기름.
  - 공동생활의 모든 관계를 이해하게 하며, 책임감을 기름.
  - 사람으로서의 자각을 깊이 하여, 인격을 발전시키도록 하며, 예의 바른 사회인으로서 행동하게 하도록 함.
  - 세계 여러 지역의 자연 및 사회 환경은 곳에 따라 다르며, 사람은 그 환경에 적응하여 생활함을 알게 함.
  - 사회생활은 항상 과거를 기초로 하여 발전하고 있음을 알게 하며, 현대 생활의 특질을 이해시키고, 또 장래의 방향을 보는 능력을 기름.
  - 사회 일반에 관한 지식을 기름으로써 우리나라에 적의한 민주주의적 생활을 완전히 하도록 함.

3) 사회과의 시수 배분

사회과 교수요목에서 나타나고 있는 사회과 시수 배분의 형식과 내용은 초등과 중등이 다르게 나타난다. 초등의 경우 미국과 같이 통합형 사회과가 도입되었기 때문에 단원이나 주제 중심으로 교수요목이 구성되었지만 중등의 경우 분과형 사회과가 설정되었기 때문에 지리, 역사, 공민의 영역별 시수 배분이 제시되어야만 했다.[29]

먼저 초등의 경우 각각의 단원 또는 주제별로 구체적인 수업 시수가 직접 제시되고 있다.

첫째 학년 가정과 학교
(一) 우리 집 (20시간)
(二) 우리 학교 (28시간)
(三) 우리 집의 동물 (16시간)
(四) 우리 가족의 음식 (18시간)
(五) 우리 가족의 의복 (14시간)
(六) 우리 가족의 휴양(休養) (18시간)

둘째 학년 고장(鄕里, 故鄕, 鄕土) 생활
(一) 우리의 식량 (15시간)
(二) 우리의 의복 (14시간)
(三) 우리의 집 (13시간)
(四) 우리 고장에서의 여행 (14시간)
(五) 우리의 통신 (10시간)
(六) 그 밖의 사회생활을 서로 돕는 이들 (30시간)
(七) 일 년 중의 기쁜 날 (11시간)
(八) 우리나라 국기와 다른 나라 국기 (8시간)

---

29) 이처럼 기형적인 형태의 사회과 교육과정이 나타난 것은 사회과 도입과정에서 통합형 교과에 대한 찬반 논란이 있었고, 관련된 회의에서 통합형 교과로서의 사회과 도입이 부결되어, 명칭만은 초등과 동일하게 사회생활과를 사용하였지만 내용 조직에 있어서는 분과형을 택했기 때문이다(김종무, 1949).

셋째 학년 여러 곳의 사회생활
(一) 우리 지방 (21시간)
(二) 각 지역(地域)의 생활양식의 아름
　　　(ㄱ) 한대 지방 (18시간)
　　　(ㄴ) 열대 지방: 사하라 사막(沙漠) (17시간)
　　　(ㄷ) 산간 지방: 스위스(瑞西) (25시간)
　　　(ㄹ) 해양도서 지방: 하와이 (18시간)
(三) 사람의 자연에 대한 적응(適應)
　　　(ㄱ) 농업 (22시간)
　　　(ㄴ) 거주(居住) (23시간)
　　　(ㄷ) 의복 (18시간)

넷째 학년 우리나라의 생활
(一) 우리나라의 지도 공부 (15시간)
(二) 우리나라 생활의 자연환경 (25시간)
(三) 우리나라의 자원과 산업 (35시간)
(四) 우리나라의 교통 (15시간)
(五) 우리나라의 도시와 촌락 (35시간)
(六) 우리 집의 생활 (15시간)
(七) 우리 민족의 유래와 고문화 (30시간)
(八) 우리나라와 외국과의 관계 (20시간)

다섯째 학년 다른 나라의 생활
(一) 지구 이야기 (25시간)
(二) 원시인(原始人)의 생활 (15시간)
(三) 고대 문명(古代文明) (15시간)
(四) 아시아와 그 주민 (40시간)
(五) 유럽과 그 주민 (35시간)
(六) 아프리카와 그 주민 (10시간)
(七) 남북 아메리카와 그 주민 (25시간)
(八) 대양주와 그 주민 (10시간)
(九) 우리나라와 세계 (15시간)

여섯째 학년 우리나라의 발달
(一) 원시 국가와 상고 문화 (8시간)

(二) 삼국의 발전과 문화 (13시간)
(三) 남북조의 대립과 그 문화 (12시간)
(四) 고려와 그 문화 (22시간)
(五) 근세 조선과 그 문화 (30시간)
(六) 일본인의 압박과 해방 (35시간)
(七) 건전한 생활 (25시간)
　　(ㄱ) 미신 타파 (10)
　　(ㄴ) 오락 (5)
　　(ㄷ) 교육 (5)
　　(ㄹ) 공중도덕 (5)
(八) 우리나라의 정치 (15시간)
(九) 우리나라 산업과 경제 (14시간)
(一0) 우리 민족성 (10시간)
(一一) 우리의 자각과 사명 (12시간)

　그러나 다음과 같은 주의사항에서 알 수 있듯이 초등 교수요목에서 제시된 단원이나 주제별 수업 시수는 강제적인 의무사항이 아니라 교사들에게 제시된 일종의 참고사항일 뿐이었다.

　9. 교수 시간에 관한 주의
　각 학년 교재의 각 단위에 배정한 교수 시수는 절대적인 것이 아니며 다만 그 기준을 보인 것이니 형편에 따라 신축할 수 있다.

　반면 중등 사회과의 경우 지리, 역사 및 공민의 세 영역으로 구분하고 각 영역별 주당 수업 시수를 다음과 같이 구체적으로 제시하고 있다.

　중학교 사회생활과는 얼마 동안 지리, 역사 및 공민의 세 부분으로 갈라서 교수하기로 함.
　각 학년에 있어서의 교수 사항 및 매주 교수 시수는 다음과 같음.[30]

---

30) 4학년부터 6학년까지는 생략하였음.

	지리 부분	매주시수	역사 부분	매주시수	공민 부분	매주시수
1학년	이웃나라 생활	2	이웃나라 생활	2	공민생활 I	1
2학년	먼 나라 생활	2	먼 나라 생활	2	공민생활 II	1
3학년	우리나라 생활	2	우리나라 생활	2	공민생활 III	1

4) 사회과 내용 조직 및 운영 원리

초등과 중등 사회과 교수요목에서 제시되고 있는 사회과 교육과정의 내용 조직 및 운영 원리에 있어 나타나는 특징은 다음과 같다.

첫째, 체계적 구성이다. 사회과 교수요목은 상세한 내용 제시와 교과의 성격이나 목표, 그리고 교수 및 평가방법까지도 체계적으로 다루고 있어 교수요목이 아닌 교육과정 수준으로 구성되어 있다.[31] 이러한 구성은 교수요지, 교수방침, 교수사항, 교수의 주의 등을 2쪽 정도로 제시한 국어과/영어과와 구분될 뿐만 아니라 교수 내용과 시간만을 단순 나열한 수학과/과학과 등과는 확연하게 대비되고 있다. 수학과와 과학과가 교육 재료의 편성과 배당을 항목별로 제시한 전통적인 교수요목의 전형을 보여 주는 반면 사회과 교수요목(특히 초등)은 현대적인 교육과정의 전형을 보여 준다고 할 수 있다. 이는 사회과가 신생국가에 민주주의 이념과 민주적 생활방식을 도입하여 가르치는 중핵 교과로서의 위치로 인식된 결과로 추정된다.

둘째, 단원식 구성이다. 초기에는 '단위'라고 번역되었던 단원은 "어떤 한 중심 개념에 관한 부속적 모든 사항을 연결시키는 것"이며, 문제해결 혹은 생활중심, 경험중심 학습의 기본단위이다.

---

31) "국민 학교 사회생활과 교수 요목"에는 첫째, 교수 목적, 둘째, 교수 방침, 셋째, 교수요목의 운용법, 넷째, 교수에 관한 주의, 다섯째, 교수 사항(지금의 '내용')을 상세하게 제시하고 있다.

4. 교수 방법은 각 단위를 중심으로 하되 질서 있게 할 것.

교수는 각 단위 안에 들어놓은 낱낱의 설문식 세목을 중심으로 할 것이 아니라 각 단위를 중심으로 하여야 한다. 그리하여, 이 교수를 질서 있게 하기 위하여, (1) 처음에는 구체적 대상물을 견학한다든지 그림, 사진, 지도를 본다든지 하는 관찰적 활동으로 비롯하여, 그 단위에 대한 연구심을 환기시키며 개략적 지식을 얻게 한 다음에 (2) 그 단위에 필요한 지식을 수집하고 그 지식을 발표는 본격적 활동으로 옮겨 가는 것이 좋다. 지식을 수집하는 활동에는 그 단위에 들어놓은 문제며, 아이들이 제의하는 문제를 해결하기 위하여 책을 읽는다든지 학자, 명사, 선배의 강연을 듣는다든지 하는 일이 중심이 될 것이다. 그러나 또한 특수 교재의 수집, 여행, 등도 포함된다. 발표적 활동은 지식을 수집하는 생활과 밀접히 병행되는 것으로 연설, 작문, 도화, 수공, 연극들의 형식이 사용된다. (3) 그리고 이러한 교수를 진행만 시켜서 던져 버리는 일이 없이 한 일을 다시 살펴보면 총 복습을 하여, 아동들의 교육적 체험을 확호하게 하기 위하여 평가하는 활동과 총괄하는 활동을 하여야 한다. 이 총괄하는 활동은 전람회, 학예회들의 형식이 가장 좋다. 이러한 활동은 학부형에게 학교에서 교수하는 교육 안을 알게 하는 좋은 기회가 된다(국민학교 사회생활과 교수요목, 1946, pp. 6-7).

셋째, 설문식 구성이다. 즉 내용의 세부 항목들을 설문(질문) 형태인 '~는가?, ~인가?'로 구성하였다(예: 통신은 어느 때 무슨 목적으로 하는가?). 이는 과거의 암기식 주입식 교육과는 달리 학생 중심의 문제해결 수업을 염두에 둔 것이다.

이 교수요목의 각 단위에다 설문식으로 세목을 들어 놓은 것은, 아이들에게 이들 문제를 제시하여 교수를 진행시키라는 것을 의미한 것이다. 그리하여, 그 제시하는 방법으로는, 한 세목씩을 제시할 것인가, 여러 세목을 묶음으로 하여 제시할 것인가를 결정하는 표준은, 그 세목의 그 단위에 대한 의의와 그 세목들의 호상 연관 아이들의 이해 능력과 다루는 데에 있어서의 편의 등에 따를 것이다. 그리고 설문식 세목을 해결하는 데에 있어서, 그 해답을 찾을 수 있는 근원(근원)은 여러 가지가 있다는 것을, 아이들에게 알게 하여야 한다. 즉 그 근원으로는 그 현지에 가 보는 것, 책을 읽는 것, 부모, 선배, 그 밖에 명사에게 물어 보는 것들이 있는 것이다. 따라서 교과서는 그들 문제를 해결하는 해답의 근원의 한 부분에 지나지 못한다는 것을 교사도 아이들도 알아야 하며, 교사는 그 세목을 결정하는 데의 가장 적절한 해답의 근원을 널리 찾아내어, 그것들을 가장 적절하게 이용하도록 지도하여야 할 것이다.

이 교수요목의 내용이 설문적으로 되어 있는 이유는 민주주의적 교육법에 의거하려 함에 있다. 곧 종전과 같이 선생이 먼저 가치 판단을 하여 명령적으로 가르치는 단안적 명령적 교육법을 떠나서, 선생, 아이가 협력하여 문제를 해결하기 위한 관찰, 연구, 추리, 비판, 토론을 하여, 아이들 자신으로 정당한 결론에 도달하도록 선생이 지도하여야 한다. 그러므로 교수에는 선생이 치밀한 주의와 주도한 계획이 필요하게 된다(국민학교 사회생활과 교수요목, 1946, p. 6).

넷째, 통합적 구성이다. 도입과정에서 공민, 지리 영역을 중심으로 한 통합 지향론자와 역사를 중심으로 한 분과 지향론자 간의 논란이 있었고, 그 결과 초등은 통합적 접근을, 중등은 분과적 접근을 하기로 결정되었다. 그러나 중등의 경우에도 단원 구성이 분과 중심으로 되어 있지만 다음과 같이 통합에 대한 지향은 나타나고 있다.

지리, 역사, 공민이 분과적으로 되어 있다 하여, 종래와 같이 전연 독립하여 있는 과목으로 다루어서는 안 된다. 우리 인류 사회에서 일어나는 여러 가지 문제를 가지고 지리 부분은 지리적 입장에서, 또 공민 부분은 공민적 입장에서 다루되, 항상 지리와 역사와의 서로의 관련성에 유의하고 이들 문제를 다루는 데에는 공민적 견지에서 검토 비판도 할 것이며, 또 공민 문제를 다루는 데에는 역사적 내지 지역적으로도 고찰하여, 우리의 사회생활을 전체적으로 이해 체득시키려는 것이 안목이다. 그러므로 교사는 이 세 부분을 아무 연락도 없이 따로따로 다루지 말고, 항상 각 부분이 서로 긴밀한 연락을 취하여 사회생활과 교수가 궁극의 목표에 이르도록 노력하여야 한다(중학교 사회생활과 교수요목, 1948, p. 3).

Ⅲ. 중등 사회과 공민 영역의 교수요목 분석

사회과 공민 영역이 가지고 있는 특성을 파악하기 위해서는 교수 요목에 나타난 내용 체계에 대한 분석이 필요하다. 이를 위해 사회과 교수요목 중 공민 영역의 내용 체계를 개관한 다음 미국의 '공동체 공민' 및 일본과 조선의 '공민과' 내용 체계와의 비교 분석을 통해 도 입기 사회과 공민 영역의 내용 체계가 가지고 있는 특징을 도출하고 자 한다.

1. 사회과 공민 영역 교수요목의 내용 체계

중학교에서 사회생활과 교수요목은 초등학교와는 달리 지리, 역사, 공민의 세 영역으로 나누어 개발되었으며, 학교 수업 또한 다음과 같 이 시수가 분리되어 진행되었다.

중학교 사회과 공민 영역에서 제시되고 있는 과목 중 1학년부터 3 학년의 '공민 생활' 교수요목은 다음과 같다.

공민 생활 제1학년

   일(一). 공동생활
   Ⅰ. 우리는 사회생활을 어떻게 하고 있는가
   Ⅱ. 우리는 서로 어떻게 돕고 사는가
   Ⅲ. 우리는 공민으로서의 생활을 어떻게 할 것인가

이(二). 가정과 사회생활
Ⅰ. 우리 가정
Ⅱ. 다른 가정
Ⅲ. 가정은 어떻게 이루어진 것인가
Ⅳ. 국가는 우리 가정생활을 어떻게 돕는가

삼(三). 학교와 사회생활
Ⅰ. 우리는 왜 학교에 다녀야 하는가
Ⅱ. 학교와 고장생활
Ⅲ. 학교의 조직과 재정은 어떠한가
Ⅳ. 우리가 공민으로서 학교에서 할 일은 무엇인가?

사(四). 고장과 사회생활
Ⅰ. 고장은 우리 생활을 어떻게 돕는가
Ⅱ. 지방 정치는 고장 생활을 어떻게 돕는가
Ⅲ. 우리가 공민으로서 고장에 있어서 할 일은 무엇인가

오(五). 우리나라 시골생활
Ⅰ. 시골생활의 특징은 무엇인가?
Ⅱ. 다른 나라의 시골생활은 어떠한가
Ⅲ. 우리는 시골 생활을 어떻게 향상시켜야 하는가

육(六). 우리나라 도시생활
Ⅰ. 도시생활의 특색은 무엇인가?
Ⅱ. 도시가 문화의 중심이 되는 까닭은 무엇인가
Ⅲ. 다른 나라의 도시생활은 어떠한가
Ⅳ. 우리나라 도시생활은 어떻게 개선할 것인가

칠(七). 보건과 후생
Ⅰ. 우리의 건강과 질병
Ⅱ. 마약의 해독과 술 담배의 폐해
Ⅲ. 가엾은 사람들
Ⅳ. 우리는 재난을 어떻게 막을 수 있는가

팔(八). 휴양과 운동 경기
Ⅰ. 우리 생활에 있어서 휴양은 어째서 필요한가

Ⅱ. 휴양과 오락에는 어떤 방법이 있는가
Ⅲ. 휴양과 오락에는 어떠한 주의가 필요하나
Ⅳ. 운동경기

구(九). 개인은 공동생활에 잘 적합되게 하여 나아가려면 어떻게 할 것인가
Ⅰ. 왜 우리는 타인의 인격을 존중하지 않으면 아니 되는가
Ⅱ. 개인은 다른 사람들과 어떻게 서로 협동하여 공동생활을 잘 이루어 나아가는가
Ⅲ. 우리는 사회에 대하여 어떠한 공헌을 할 수가 있는가

공민 생활 제2학년

일(一). 정부와 우리
Ⅰ. 정부는 정치하는 힘을 어떻게 얻는가
Ⅱ. 정부는 대개 어떤 일을 하는가
Ⅲ. 국민은 정부에서 하는 일을 어떻게 돕는가

이(二). 정치는 어떻게 운영되는가
Ⅰ. 대통령은 어떠한 점에서 국민을 대표하는가
Ⅱ. 법은 어떻게 세워지는가
Ⅲ. 행정은 누가 하는가
Ⅳ. 사법은 어떻게 운영되는가

삼(三). 민주 정치와 선거
Ⅰ. 민주정치란 무엇인가
Ⅱ. 선거는 어떻게 하는 것인가
Ⅲ. 정당이 하는 일은 무엇인가
Ⅳ. 관공리는 어떠한 의무가 있는가

사(四). 재판은 어떻게 이행되는가
Ⅰ. 재판은 어떠한 절차를 밟아서 하게 되는가
Ⅱ. 재판에 대하여 국민은 어떻게 협력하여야 하는가

오(五). 자치가 잘되면 국민생활에 어떤 이익이 있는가
Ⅰ. 자치는 우리 생활을 어떻게 돕는가
Ⅱ. 학교에서의 자치생활
Ⅲ. 고장에서의 자치생활

육(六). 국가의 재정과 우리의 의무
Ⅰ. 국가는 무슨 일에 돈을 쓰는가
Ⅱ. 세금은 어떠한 것인가
Ⅲ. 국가는 세금 밖에도 다른 수입이 있는가
Ⅳ. 국가는 빚을 져야 하는 경우가 있는가

칠(七). 교육은 우리의 생활을 어떻게 돕는가
Ⅰ. 교육은 무엇을 말함인가
Ⅱ. 사회는 교육에 대해서 어떤 도움을 하는가
Ⅲ. 교육은 사회인으로서의 우리의 자질을 어떻게 길러 주는가

팔(八). 비판적 정신과 과학적 태도는 우리 생활에 어떤 도움이 되는가
Ⅰ. 사물을 이해하는 데 과학적 태도를 가질 필요는 무엇인가
Ⅱ. 비판적 정신은 우리 생활에 있어서 어떤 도움이 되는가
Ⅲ. 우리 생활에 있어서 진리는 어떤 뜻이 있는가

구(九). 출판과 보도는 우리 생활을 어떻게 돕는가
Ⅰ. 출판은 우리 생활을 어떻게 돕는가
Ⅱ. 보도는 우리 생활에 있어서 얼마나 중요한 것인가

십(十). 예술과 종교는 우리 생활을 어떻게 돕는가
Ⅰ. 예술은 우리 생활을 어떻게 윤택하게 하는가
Ⅱ. 종교는 우리 생활에 있어서 어떤 뜻이 있는가

공민 생활 제3학년

일(一). 우리 생활과 노동
Ⅰ. 우리는 왜 노동하여야 하는가
Ⅱ. 사회는 노동하는 사람의 생활을 어떻게 향상시켜야 할 것인가

이(二). 생산은 어떻게 되며 우리는 어떻게 소비하는가
I. 생산은 어떻게 되는가
II. 기업은 무슨 필요로 하는가
III. 우리는 수입을 어떻게 얻는가
IV. 우리는 소비생활을 어떻게 할 것인가

삼(三). 우리 생활에 있어서 산업은 어떠한 뜻이 있는가
I. 우리는 우리나라 산업 발전에 어떻게 유의하여야 하는가
II. 상업은 우리 생활을 어떻게 돕는가
III. 무역은 우리 생활에 있어서 어떠한 몫을 하는가

사(四). 화폐와 금융기관은 우리 생활을 어떻게 돕는가
I. 화폐는 우리 생활에 있어서 어떤 몫을 하는가
II. 물건의 값은 어떻게 정하여 지며 물건 값(물가)은 사회의 영향
을 어떻게 받는가
III. 금융기관은 우리 생활에 있어서 어떤 몫을 하는가

오(五). 교통과 통신은 우리 생활을 어떻게 돕는가
I. 교통은 우리 생활을 어떻게 돕는가
II. 우리는 교통기관을 어떻게 이용하는가
III. 우리는 통신기관을 어떻게 이용하는가

육(六). 생계는 어떻게 세워야 하는가
I. 개인은 자주 독립 정신을 어떻게 기를 것인가
II. 우리는 생계를 어떻게 세워야 하는가
III. 우리는 만일의 경우를 생각하여 어떤 준비를 하여야 하는가

칠(七). 우리는 직업을 어떻게 선택하여야 하는가
I. 우리 생활에 있어서 직업은 어떤 뜻이 있는가
II. 직업에는 어떤 것들이 있는가
III. 우리는 직업을 선택함에 있어서 어떤 태도를 가질 것인가

팔(八). 우리가 더 잘 살려면 어떻게 생활을 개선하여야 하는가
I. 우리나라 가족주의는 이상적인 것인가
II. 미신은 우리 생활에 어떠한 영향을 주는가
III. 우리의 생활은 어떻게 하면 더 개선할 수 있는가

구(九). 사회는 어떻게 개선되어야 하는가
Ⅰ. 여러 가지 사회문제는 어째서 일어나는가
Ⅱ. 사회문제는 어떻게 해결할 것인가
Ⅲ. 여성문제는 무엇인가
Ⅳ. 범죄에 대하여 우리는 어떠한 태도를 가져야 하는가

십(十). 민주주의 국가를 세움에 있어서의 우리 겨레의 사명
Ⅰ. 우리가 민주주의적 생활을 잘 하려면 어떻게 하여야 하는가
Ⅱ. 우리나라의 국제적 지위와 현상은 어떠한가
Ⅲ. 우리 겨레의 사명

2. 사회과 공민 영역 교수요목의 특징

사회과 공민 영역 교수요목의 제정 과정에 가장 큰 영향을 준 것은 미국 공민교육으로 볼 수 있다. 사회과의 도입이 미군정기에 이루어 졌다는 점과 초등 사회과 교수요목의 제정과정에 미국 콜로라도 주의 교육과정이 결정적인 영향을 주었다는 점 등에서 미국 공민교육의 영향에 대해 미루어 짐작할 수 있다. 중등 공민 영역의 교수요목에서도 미국의 공민교육, 그중에서도 특히 던에 의해 주장된 공동체 공민의 영향이 다음과 같이 확인된다.

첫째, '좋은 공민(good citizen)'을 공민교육의 핵심적인 목표로 제시하고 있다는 점에서 미국의 공동체 공민의 영향이 나타나고 있다. 다음과 같은 교수요목 세목을 통해 확인할 수 있듯이 '좋은 공민'에 대한 상세한 논의를 통해 공민교육의 목표로서 좋은 공민을 강조하고 있다.

일(一). 공동생활
Ⅲ. 우리는 공민으로서의 생활을 어떻게 할 것인가
1. 공민은 무엇을 말함인가?

2. 우리는 어째서 좋은 공민이 되어야 하는가?
3. 우리는 좋은 공민이 되려면 어떻게 하여야 하는가?

둘째, 아동을 현재의 공민으로 간주하고 있으며, 아동의 사회생활 전반을 공민으로서의 활동 영역으로 간주하고 있다는 점에서 미국 공동체 공민의 영향이 나타나고 있다. 먼저 사회과 공민 영역 교수요목 세목에 '우리가 공민으로서' 또는 '우리는 공민으로서' 등의 표현이 등장하여 학생들을 미래의 공민이 아닌 현재의 공민으로서 인정되고 있음을 확인할 수 있다. 또한 공민으로서의 역할이 투표 등과 같은 정치적인 측면에 제한되지 않고 가정생활, 학교생활, 고장생활 전반으로 확장되고 있음을 다음과 같은 중학교 1학년 교수요목의 세목을 통해 확인할 수 있다.

이(二). **가정과 사회생활**
Ⅱ. 다른 가정
3. **우리는 공민으로서** 다른 가정을 위해서 어떠한 일을 하여야 하는가?

삼(三). **학교와 사회생활**
Ⅳ. **우리가 공민으로서** 학교에서 할 일은 무엇인가
1. 우리는 학교에 출석을 어떻게 하여야 하는가?
2. 우리는 학교 공부를 어떠한 태도로 하는가?
3. 우리는 다른 동무들의 인격(권리)에 대해서는 어떻게 하여야 하는가?
4. 우리는 교사에게 대해서 어떠한 태도를 가져야 하는가?

사(四). **고장과 사회생활**
Ⅲ. **우리가 공민으로서** 고장에 있어서 할 일은 무엇인가
1. 우리가 고장 안의 여러 가지 일을 잘 알아야 할 필요는 무엇인가?
2. 고장생활을 잘하기 위하여 왜 우리는 규칙을 잘 지켜야 하는가?
3. 우리는 고장 안에서 선거를 공정하게 하여야 하는 까닭은 무엇

인가?
4. 우리는 고장을 위하여 어떤 정신으로 일을 하여야 하는가(희생
   적 정신을 발휘)?
5. 우리는 고장을 잘 만들기 위하여 어떠한 이상을 가져야 하는가?

셋째, 공동체 공민에서 강조된 사회복지의 구성요소들이 사회과
공민 영역 교수요목에 포함되어 있다. 다른 요소들과는 달리 이민과
관련된 내용은 교수요목에서 직간접적으로 다루어지지 않았다. 이는
이민의 경우 대규모 이민을 통한 사회 변화를 경험하고 있던 미국 사
회의 특수한 사회현상으로서 한국 사회에서는 다루기 어려웠던 내용
이었기 때문으로 판단된다. 각각의 사회 복지의 구성요소들과 관련된
교수요목 세목은 다음과 같다.

<표 4-4> 사회 복지의 구성요소들과 관련된 교수요목

공동체 복지의 구성요소	관련 교수요목
(1) 건강	우리의 건강과 질병
(2) 생명과 재산의 보호	우리는 재난을 어떻게 막을 수 있는가
(3) 여가	우리 생활에 있어서 휴양은 어째서 필요한가 휴양과 오락에는 어떤 방법이 있는가 휴양과 오락에는 어떠한 주의가 필요하나 운동경기
(4) 교육	교육은 무엇을 말함인가 사회는 교육에 대해서 어떤 도움을 하는가 교육은 사회인으로서의 우리의 자질을 어떻게 길러주는가
(5) 도시미관	우리나라 도시생활은 어떻게 개선할 것인가
(6) 부	우리는 생계를 어떻게 세워야 하는가
(7) 통신	우리는 통신 기관을 어떻게 이용하는가
(8) 교통	교통은 우리 생활을 어떻게 돕는가 우리는 교통 기관을 어떻게 이용하는가
(9) 이주	
(10) 자선	가엾은 사람들
(11) 교정	재판에 대하여 국민은 어떻게 협력하여야 하는가

넷째, 교수요목의 조직에 있어 공동체 공민의 영향을 받아 학문적 논리적 배열이 아닌 학생들의 심리적인 경험과 발달 단계를 고려한 내용 조직을 하였다. 먼저 1학년에서 공동생활을 다루고, 2학년에서는 정치생활, 3학년에서는 경제생활을 다루도록 한 것은 학생들의 일상생활에서의 심리적인 경험과 발달단계를 고려한 배치로 볼 수 있다. 또한 1학년에서 가정, 학교, 고장 등에 대해 다루고 2학년의 정치생활에서 국가 또는 중앙정부에 대해 다룬 것 또한 학생들의 심리적인 경험과 발달단계를 반영한 것으로 볼 수 있다. 이와 같은 내용조직 원리는 다음과 같이 교수요목에서도 분명하게 제시되고 있다.

> 종래의 공민과 교육에 있어서의 교재의 배열은 논리적 배열법이었다고 할 수 있다면, 이 사회생활과 공민 부분의 교재 배열은 심리적 배열법이라고 할 수 있다. 종래의 공민과에서는 주로 교재를 학적 체계를 본위로 하여 배열한 데에 대하여 여기에서는 교재를 생도들의 정신 발달의 정도에 맞추는 한편 일상생활의 경험을 기초로 하여 배열하였다.

Ⅳ. 중등 사회과 공민 영역 교과서 분석

교수요목에 대한 분석을 통해 초기 한국 사회과 공민 영역의 기본 전제 및 내용 체계가 미국의 공민교육 교과인 공동체 공민으로부터 많은 영향을 받았음을 확인할 수 있었다.

그러나 교수요목에 대한 추상적인 분석만으로는 교수요목기 학교 현장에서 사회과 공민 영역의 의미를 구체적으로 알기 어렵다. 사회과 공민 영역이라는 새로운 교과목이 '교수요목'의 공포만으로 학교 현장에서 실질적으로 가르쳐졌다고 보기에는 무리가 있기 때문이다. 이에 따라 교수요목기 사회과 교과서에 대한 분석을 통해 학교 현장에서 사회과 공민 영역의 구체적인 모습에 대해 살펴보고자 한다. 사회과 공민 영역에 대한 교사 및 학생들의 이해가 절대적으로 부족한 상황에서 교수요목의 추상성을 보완하기 위해 교사와 학생들이 의존했던 수업 자료가 교과서였기 때문이다.

이를 위해 교수요목기에 사용되었던 3종류의 공민 교과서에 대한 분석을 통해 당시 학교 현장에서 수행되었을 공민교육의 실제 모습에 대해 살펴보고자 한다. 분석 대상으로 삼은 교과서는 1949년 최재희가 집필하고 탐구당에서 발간된 중등 사회생활과 공민 생활(이후 교과서 A), 1952년 현상윤이 집필하고 민중서관에서 발간된 사회생활과 중등 공민 공동생활(이후 교과서 B), 1950년 변희용과 최재학의 공저로 대한교학주식회사에서 발간된 중등사회생활과 공민(이후 교과서 C)이다.

3권의 교과서에서 분석 대상으로 삼은 단원은 1학년의 대단원 '일 (一). 공동생활'의 'III. 우리는 공민으로서의 생활을 어떻게 할 것인가?'이다. 이 단원은 '공민은 무엇을 말함인가?', '우리는 어째서 좋은 공민이 되어야 하는가?', '우리는 좋은 공민이 되려면 어떻게 하여야 하는가?' 등의 세목으로 구성되어 있으며, 보다 구체적으로는 공민의 개념, 공민교육의 필요성, 공민으로서의 자질 등에 대해 다루고 있는 단원이다.

1. 사회과 교과서에 나타난 공민의 개념

분석 단원의 첫 번째 세목인 '공민은 무엇을 말함인가?'는 공민교육에 있어 가장 기초적인 출발점이 되는 공민의 개념에 대해 다루고 있다. 분석 대상이 된 3개의 공민 생활 교과서에 나타난 공민의 개념은 다음과 같다.

교과서 A

공민이란 사회의 일원, 공공단체의 일원으로서의 사람을 의미한다. 참다운 공민은, 따라서, 사회 안에서 자기 혼자만 살고 있다고 생각지 않고 사회 안에서 다른 사람과 함께 살고 있다고 지각하는 동시에 다른 사람과 공공과에 이바지하기 위해서 자기 자신의 의무를 다하려고 애쓰는 국민이 되지 않을 수 없다.

참다운 공민은 자기가 공공단체의 일원임을 지각하고 있기 때문에 사회 안의 개선을 요구하는 여러 과제에 대해서 짐짓 모르는 체하는 태도를 취하는 일이 없다. 사회를 모르는 체하고, 사회를 넘어서려고 하는 태도를 공민은 크게 비열한 태도로 본다. 참다운 공민은 사회가 주는 여러 과제의 웅덩이 속에 뛰어들어 가서 그것을 용감히 해결하되, 또 사회생활에서 일반으로 개선할 것은 담대히 개선하려고 든다(최재희, 1949, pp. 8-9).

교과서 B

사회생활의 유래와 공동생활의 의의를 잘 알아 완전한 사회성원의 일원으로서 그 자격을 갖추어 그 책임을 다하는 사람을 공민이라 한다.

사회는 이러한 다수의 공민에 의하여 조직된 것이니, 공민은 그 사회에 대하여 그 사회가 각 성원에게 줄 수 있는 어떤 이익을 청구하고 주장할 일정한 권리를 가졌다. 그러나 이같이 권리를 가지는 반면에 공민은 또 그 사회를 잘 유지하고 발전시키며 개선하고 향상시키는 의무를 가지고 있다(현상윤, 1952, p. 12).

교과서 C

앞에서 말한 바와 같이 우리는 홀로 살 수 없고 반드시 가정, 부락, 나라의 한 사람으로서 살아갈 수밖에 없다. 가정의 한 사람을 가족, 부락의 한 사람을 부락민 또는 면민, 읍민, 시민 나라의 한 사람을 국민이라고 각각 부르는데, 이것을 종합하여 국가 사회생활을 하는

한 사람으로 볼 때에 공민이라 한다. 다시 말하면 공민은 국가 사
회의 한 사람으로서 공동사회에 대한 각자의 책무를 가진 사람을
말한다. 따라서 공민은 나라 정치 또는 지방 정치에 참여할 권리가
있고 또 나라와 지방에 대하여 이것을 유지 발전시킬 의무가 있다
(변희용, 최재학, 1950, p. 7).

이와 같은 교과서에서 나타난 공민 개념의 공통점은 공민을 사회
구성원으로서 파악하고 있다는 점이다. 이는 교양, 경제적 독립 또는
특정한 법적 자격 등을 요구하는 공화주의적 전통의 공민 개념과 달
리 자격 제한 없이 사회구성원 모두를 공민으로 간주하는 것이다.

'교과서 C'에서는 가장 전형적으로 사회구성원으로서의 개념만을
강조한 반면 '교과서 A'와 '교과서 B'에서는 공민의 특징에 대한 서
술에 있어 다음과 같은 차이점이 나타나고 있다.

교과서 A에서는 사회 개선을 위해 적극적으로 노력하는 공민의 모
습을 제시하고 있다. 사회문제를 해결하기 위해 능동적으로 참여함으
로써 사회의 개선과 발전을 이끌어 내는 공민의 모습을 강조하고 있다.

반면 교과서 B에서는 권리와 의무 개념을 중심으로 공민의 개념을
파악하고 있다. 또한 공민으로서의 자격에 대한 논의도 제시되고 있
는데 이와 같은 내용들은 정치적 측면을 강조한 전통적인 공민 개념
에 일정 부분 영향을 받은 것으로 판단된다.

2. 사회과 교과서에 나타난 공민교육의 필요성

분석 단원의 두 번째 세목인 '우리는 어째서 좋은 공민이 되어야
하는가?'는 공민교육의 필요성에 대해 다루는 것으로 볼 수 있다. 분

석 대상이 된 3개의 공민 생활 교과서에 나타나고 있는 좋은 공민이
되어야 하는 이유는 다음과 같다.

교과서 A

그리스의 현인 소크라테스는 당시의 청년들을 선도하여 국가와 사
회의 부패, 타락을 막고 정의를 실천하였다. 그랬건마는 다른 편의
간악한 무리들은 소위 신을 믿지 않고 청년들을 부패케 했다는 죄
상 아래 오히려 그를 비참하게도 옥에 가두어 죽이려고 하였다. 이
때에 그의 친지 크리톤이 일찍이 새벽녘에 그를 찾아가서, 벌써 만
단(萬端)의 준비를 다 해놓고 옥중을 도주해 나갈 것을 권유하였다.
그러나 그는 그런 말을 굳이 듣지 아니 하였다.

소크라테스는 국법에 위반하여 도주하지 않음으로써, 요컨대 좋은
공민이 되려고 한 것이다.

우리도 소크라테스 모양으로 좋은 공민이 되어야 할 것은 물론이
다. 그러면 어째서 그래야 하는가. 한나라 한 사회에 국법을 준수
하는 착한 공민, 참다운 공민이 없어진다면, 무엇보다도 그 나라의
조직이 파괴되고 사회의 질서가 무너지기에 이른다. 그리고 국가와
사회가 만일에 이러한 상태에 빠지고 말면, 국민은 연대 책임의 정
신을 아주 잃게 되고, 따라서 국민 각 개인의 자치적 행동이 없게
된다. 나중에는 국민의 공동적 사회생활이 전혀 소멸하고 만다. 그
러면 이런 이치를 양해하는 사람들은 누구나 좋은 공민이 되지 않
을 수 없을 것이다(최재희, 1949, pp. 9-10).

교과서 B

(2) 우리가 좋은 공민이 되어야 하는 이유

사회는 어느 한 사람의 사회도 아니오. 그 사회를 구성한 성원 전
원의 사회인 이상에는 그 성원의 자질 여하에 그 사회가 잘 되고
못 되는 것이 갈라진 것이며 그 나라의 잘 되기를 위하여서는 먼저
그 나라를 구성한 각개 공민의 자질과 노력이 다른 나라의 그것에
비하여 훨씬 우수함을 바라지 않을 수 없다. 이것은 어느 나라에서
도 강조될 말이나 그러나 민주주의를 지도이념으로 하는 국가에서
는 더욱 적절한 말이라고 아니할 수 없다.

나는 항상 민주주의 사회 조직을 벽돌 건물에 비하여 말하고 싶
다. 벽돌 건물이 여러 모양으로 여러 층 집도 있으나, 그 기본 단위

를 보면 다만 한 개의 똑같은 벽돌이다. 이 똑같은 벽돌을 수만 혹 수십만을 쌓아 올림으로 말미암아 여러 모양의 벽돌집이 되는 것이다. 그러므로 이 건물이 잘 되고 튼튼하려면 이 각개의 벽돌이 다 각각 방정하고 또 튼튼히 구워 지어야 될 것이다. 민주주의의 사회가 또 그러하다. 한 나라 한 사회가 잘 되자면 그 나라를 구성한 공민이나 그 사회의 성원이 다 각각 완전하고 우수하여야 될 것이다. 전체는 부분의 종합이니 전체가 잘 되기를 바라려면 먼저 부분이 잘 되지 않을 수 없는 것이다.

그러기에 영국 같은 나라에서는 누가 총리대신이 된다 하면 그가 총리대신의 자격을 갖추기 전에, 먼저 영국의 명예스러운 공민으로서의 자격을 갖추어야 하는 것이다. 그러므로 그는 국회의 의정단상에서 웅변을 토하는 대 정치가의 면목을 잃지 않기를 힘쓰기 전에 그는 먼저 런던 시가에서 교통도덕이나 공중도덕을 여행하기 위하여, 교통순경에게 복종하며 전차차장에게 순종하는 위대한 영국의 공민으로 신사인 체면을 손상하지 않기를 힘쓰는 것이다.

이것은 미국이 그러하고 프랑스가 그러하며 도이치가 그러하다. 그러기에 민주주의가 발달된 구미의 모든 나라에서는 좋은 공민이 되는 것은 저들의 이 위에 없는 명예요, 또 저들의 아침저녁으로 힘쓰는 수양의 목표다(현상윤, 1952, pp. 13-15).

교과서 C
2. 공민과 국가 사회
공민은 국가 사회의 한 사람이고, 국가 사회는 공민의 결합체이니 공민 없는 국가는 생각할 수 없다. 따라서 좋은 공민으로 구성된 국가는 훌륭한 국가가 되고, 훌륭한 국가의 공민은 행복할 생활을 할 수 있다. 따라서 공민 각자의 사회생활에 대한 태도 여하는 각자 일신상 문제가 될 뿐 아니라, 그는 곧 사회 전원에 대하여 영향을 준다. 실로 우리들 공민이 가지고 있는 생활 목적은 모두 사회적 공동생활 가운데에서 실현하는 것이니, 우리들 공민이 하는 모든 행위는 일면 자기를 위한 것이오, 타면 공동생활을 위한 것이다(변희용, 최재학, 1950, p. 8).

공민교육의 필요성에 대해 좋은 사회를 만들기 위해 좋은 공민이 필요하다는 주장을 공통적으로 하고 있다. 그러나 이러한 주장을 위한 이론적·학문적 근거는 체계적으로 제시되지 못하고 있다. 다만 좋은 사회의 모습에 대해서는 교과서 A와 교과서 B에서 추가적인 서술이 되어 있다.

먼저 교과서 A에서는 질서가 유지되는 사회를 좋은 사회로 보고 있다. 좋은 공민은 질서가 유지되는 사회의 바탕이 되며, 좋은 공민이 없을 경우 사회 질서가 붕괴되어 공동적 사회생활이 소멸하게 됨을 주장하고 있다.

다음으로 교과서 B에서는 민주주의 사회를 좋은 사회로 간주하고 있다. 우리 사회가 지향해야 할 서구식 민주주의 사회를 만들기 위해 좋은 공민이 필요함을 주장하고 있다.

3. 사회과 공민 영역 교과서에 나타난 공민의 자질

분석 단원의 세 번째 세목인 '우리는 좋은 공민이 되려면 어떻게 하여야 하는가?'에서는 공민에게 요구되는 자질, 즉 시민성에 대해 다루고 있다. 분석 대상이 된 3개의 공민 생활 교과서에 나타나고 있는 좋은 공민의 자질은 다음과 같다.

교과서 A
좋은 공민이 되려면 사회생활의 규율을 잘 지켜야 한다. 규율이 없으면 결국 단체적 행동을 할 수 없다. 가령 한 사람의 지참 때문에 중대한 모임이 5분 동안 늦어지게 되었더라도 회원이 12명이라면 한 시간을 허송한 것이 되며 120명이라면 열 시간을 무단히 보낸 것이 된다.
규율이라 하면 보통 일정한 외적 동작만 하면 그만인 것처럼 생각하지마는 사실은 그런 정도의 것이 아니다. 처벌이 있든 없든, 사

람의 자격 의무로서 가령 통행금지의 선로는 횡단하지 않아야 하
며 남의 과수원에는 침입하지 않아야 한다. 이만한 자각이 속마음
에 있고 사회상 규율을 지키기에 이르러야, 비로소 참으로 완전히
규율을 지키는 것이며, 비로소 참으로 좋은 공민이 될 수 있는 것이
다. 만약 단지 처벌이 두렵기 때문에 거저 사회상 규율을 지키는
정도라면, 그런 사람은 저 소와 말이 매를 맞고 처음으로 길 걷
는 것과 별 다름이 없다. 이래서야 도저히 좋은 공민은 아직 되지
못한 것이다(최재희, 1949, p. 10).

교과서 B
(3) 좋은 공민이 되려면 우리는 어떻게 하여야 할까
먼저 우리는 공익을 내 이익같이 사랑하여야 할 것이다. 우리가 참
으로 우리 한 사람만으로 살 수 없고, 사회생활을 기다려서야 비로
소 우리의 생활이 완전하게 될 것을 깨닫는다면, 우리는 사회의 생
활이 곧 나의 생활의 연장이오. 따라서 사회의 이익이 곧 나의 이
익인 것을 알게 될 것이다.
다음은 남의 권리와 자유를 존중하여야 할 것이니 나의 권리와 자
유를 존중하여야 될 것을 알면, 좋은 공민은 마땅히 남의 그것도
내 것과 동등하게 존중되어야 할 이유가 있는 것을 잘 알아야 할
것이다.
다음은 나의 욕망을 적당하게 자제하여야 할 것이니, 공평의 원칙
을 무시하고 자치자제의 능력이 없이, 내 욕망 내 이익만을 무제한
으로 주장하는 것은 좋은 공민의 자격을 가지지 못할 것이다.
다음은 남의 일을 물을 것 없이 먼저 나부터 내 일을 다하는 일이
니, 사회 공공의 규율을 준수하고, 또 사회에 대한 개인의 책임을
성심성의로 다 하여야 할 것이다. 이렇게 하는 것이 우리가 좋은
공민이 되는 데 없지 못할 요건 중의 하나이다(현상윤, 1952, pp.
15-16).

교과서 C
3. 공민으로서 할 일
(가) 공존공영의 진리를 체득하여 사리를 버리고 공동 이익을 위하
는 공민도덕을 실현하여야 한다.
만약 우리들이 각각 자기의 이익과 감정에 눈이 어두워서 다른 사
람의 곤란한 것을 염려치 아니하고 서로 충돌하고 미워한다면 공
존공영은 곧 깨지고 결국 개인의 복리를 얻을 수 없는 것과 동시에

또 사회생활도 파괴된다. 우리들은 마땅히 합심 협력하여 공동의
안녕과 발달에 공헌하여야 한다.
(나) 국가가 법률로서 하지 말라는 것이 아니 하여야 하며 국민으
로서 해야 할 의무 곧 병역 납세를 이행하여야 한다.
사회생활을 함에는 반드시 그 사회의 질서를 유지하기 위하여 법
률이 있어야 한다. 그러므로 우리들은 국가가 제정한 법을 잘 지킴
으로써 좋은 공민이 될 수 있으며 우리의 사회생활의 존속과 안녕
과 발전을 위하여서는 국가에 대한 의무를 이행하지 않으면 안 된다.
(다) 적당한 직업에 종사하여 공민의 책임을 다 하여야 할 것이다.
우리는 좋은 공민이 되려면 적당한 직업에 종사하여 개인적으로는
자기 능력에 합당하여 경제적 독립을 얻고 사회적으로는 자기 생
활에 필요한 일의 일부를 분담하여 사회 문화의 진전에 이바지하
여야 할 것이다(변희용 · 최재학, 1950, p. 8-9).

   공민으로서 갖추어야 할 자질, 즉 시민성에 대한 논의가 공민으로
서의 권리에 대한 언급 없이 사회구성원으로서의 책임이나 의무를
중심으로 기술되는 경향이 있다. 특히 사회의 규율 준수는 세 교과서
모두에서 공통적으로 강조되고 있으며 교과서 A에서는 집중적으로
다루어지고 있다.
   책임과 의무에 대한 강조는 세 교과서 모두 동일하게 나타나고 있
지만 책임과 의무의 구체적인 내용에 대해서는 교과서들 사이에 다
음과 같은 차이가 나타난다. 교과서 A의 경우 '사회적 규율'의 준수
만을 제시하고 있는 반면 교과서의 B의 경우 공익에 대한 고려, 타인
의 권리와 자유 존중, 개인의 욕망 자제, 규율 준수 등을 좋은 공민의
덕목으로 제시하고 있다. 한편 교과서 C의 경우에는 공동이익을 우선
시할 것과 법적 의무에 대한 준수 등을 강조하고 있어 공민과 사회의
균형 있는 관계보다는 사회를 우선시하는 관점이 나타나고 있다.

V. 결론

20세기 초반 민주정치의 발달에 따라 민주주의가 단순한 정치제도로서의 의미가 아닌 삶의 양식(a way of life)을 의미하는 것으로 확장되면서 학교 공민교육의 목표는 미래의 엘리트를 위한 정치적 교양을 기르기 위한 것이 아니라 현재를 살아가는 공민으로서 학생들의 경험하게 될 사회생활과 관련된 자질들을 함양하는 것으로 변화되었다. 이러한 변화를 가장 잘 반영한 것이 미국의 신공민(new civics), 그 중에서도 '공동체 공민'이었다.

민주주의 교육을 위한 신공민은 각국의 공민교육에 영향을 주었으며, 그 결과 1930년을 전후하여 일본에서도 미국의 '공동체 공민'으로부터 영향을 받은 '공민과'가 성립되었고, 당시 일본의 식민지였던 조선에도 학교 교과목으로 도입되었다.

그러나 학교 공민교육을 위해 일본에 의해 도입된 '공민과'는 민주주의를 위한 최소한의 정치제도도 갖추지 못한 식민지의 특수상황에서 본래의 의미를 살릴 수는 없었다. 삶의 양식으로서 민주주의는 차치하더라도 정치제도로서 민주주의조차 제대로 다룰 수 없는 상황에서 민주주의의 토대가 되는 공민을 양성한다는 것 자체가 모순이었기 때문이다.

이러한 모순으로 인해 일제 치하에서의 공민교육은 국가에 충성하고 공익을 우선시하며, 황국 신민으로서의 의무를 강조하는 왜곡된 형태를 가지게 되었고, 이후 군국주의 사상이 적극적으로 반영된 수신과로 대체되었다.

한국 사회에서 학교 공민교육이 재조명된 것은 해방 이후 민주주의에 바탕을 둔 새로운 국가건설을 모색하면서부터이다. 군국주의적인 전체주의 교육사상 대신 민주주의적인 교육사상을 중심으로 한 교육 개혁 과정에서 미국의 사회과가 도입되었으며, 공민교육은 사회과의 핵심 목표이자, 주요 영역으로 강조되었다. 미군정기 등장한 사회과 공민 영역은 민주주의 국가 건설을 위한 필수 전제조건인 공민교육을 위한 핵심적인 지위를 가졌던 것이다. 사회과 공민 영역 교수요목에서 학생들을 미래의 공민이 아닌 현재를 살아가고 있는 공민으로 인정한 것, 학생들의 사회생활 경험을 중시하여 가정, 학교, 고장 등 다양한 사회에서 필요한 공민으로서 역할 및 자질에 대해 강조한 것 등은 이와 같은 시대적 요구는 반영한 것으로 볼 수 있다.

그러나 사회과 공민 영역 교수요목에 반영된 새로운 공민교육, 민주적 공민교육에 대한 지향은 학교 현장 교육에서 구체적으로 실천되기에는 현실적인 어려움이 있었다. 민주주의로의 발전에 첫걸음을 내디딘 한국 사회가 과거 시기 한 번도 경험해 보지 못한 민주적 공민의 모습을 학교 교육을 통해 가르치고자 하였기 때문에 이에 따른 많은 혼란이 있었던 것이다. 특히 일본 제국주의의 식민지로서 경험했던 비민주적이고 폭압적인 정치 경험들과 그에 따른 유산들이 이러한 혼란의 근본적인 원인이었다.

이와 같은 혼란은 교수요목기 학교 현장에서 사용되었던 사회과 교과서에서도 확인할 수 있다. 민주주의에 바탕을 둔 공민교육으로서의 지향보다는 공익을 우선시한다거나 국민으로서의 의무를 강조하는 등 일제 치하 왜곡된 형태의 공민교육의 성격에서 완전히 벗어나지 못한 모습이 교수요목기 교과서에서 등장하고 있다.

이러한 혼란에도 불구하고 해방 이후 정부수립 과정에서의 사회과 도입 및 공민 영역에 대한 강조는 한국 공민교육의 진정한 출발점으로 볼 수 있다. 민주주의 사상에 바탕을 두고 공민교육을 이해할 때 이전 시기 일본을 통해 미국의 새로운 공민교육 사상을 들여오는 과정에서 나타났던 오해나 왜곡이 무엇이었는지 파악할 수 있으며, 진정한 공민교육이 무엇인지 확인할 수 있기 때문이다. 또한 진정한 공민교육은 민주주의를 바탕으로 하여 민주주의의 발전을 위해 기여할 수 있을 때 가능하기 때문이다.

이러한 이유에서 공민교육은 그리고 학교 사회과 교육은 해방 이후 교육 개혁 과정에서 민주주의 발전을 위한 핵심 교과로서의 지위를 가지고 있었다고 할 수 있다. 민주국가 건설 초기 민주 정치제도의 효과적인 정착을 위해, 나아가 민주적 생활양식의 보급을 통한 민주주의 발전을 위해 필수적인 역할을 담당하였기 때문이다.

참고문헌

교육과학기술부(2008a). 『초등학교 교육과정 해설(Ⅰ) - 총론, 재량 활동』. 서울: 미래앤(대한교과서).

교육과학기술부(2008b). 『중학교 교육과정 해설(Ⅰ)-총론, 특별 활동』.서울: 미래앤(대한교과서).

박명규(2009). 『국민·인민·시민: 개념사로 본 한국의 정치주체』. 서울: 小花.

변희용·최재학(1950). 『중등사회생활과 공민』. 서울: 대한교학주식회사.

이경훈 외(1991a). "대담: 교과서 출판 원로에게 듣는다". 『교과서 연구 9호』. pp. 93-123.

이경훈 외(1991b). "대담: 교과서 출판 원로에게 듣는다". 『교과서 연구 10호』. pp. 97-123.

이진석(1992). "해방 후 한국사회과의 성립과정과 그 성격에 관한 연구". 서울대학교 대학원 박사학위 논문.

차조일(2008). 『사회과 교육과 합리성』. 파주: 한국학술정보.

최병칠(1972). 『교육과 인생』. 서울: 문천사.

최원형(1987). "미군정기의 교육과정 개혁". 김기석 편. 『교육사회학 탐구2』. 서울: 교육과학사. pp. 315-380.

최재희(1949). 『중등 사회생활과 공민 생활』. 서울: 탐구당.

허현(1946). 『사회생활과해설』. 서울: 제일출판사.

현상윤(1952). 『사회생활과 중등 공민 공동생활』. 서울: 민중서관.

홍웅선(1992). "최초의 사회생활과 교수요목의 특징". 『한국교육』. Vol 19, pp. 23-46.

맺음말

 민주정치 제도가 정착된 19세기 처음으로 등장한 공민교육은 민주 정치 제도에 대한 지식을 갖춘 교양 있는 엘리트 공민 양성을 위한 교과였다. 보통선거 제도의 도입 이전이었기 때문에 모든 이들이 공민으로서의 지위를 가진 것은 아니었고, 경제적으로 독립적인 생활을 영위한 엘리트 집단에 의해 민주정치 제도가 운영되었다. 이와 같은 정치적 상황에서 등장한 초기의 공민교육은 정치제도에 대한 지식만을 다루는 단순한 형태였다.

 이와 같은 초기 공민교육과는 다른 새로운 형태의 공민교육이 20세기 초반 미국 사회에서 등장하였다. 새로운 형태의 공민교육은 19세기 남북전쟁 이후 나타난 사회적·정치적 변화에 바탕을 두고 정치제도가 아닌 삶의 방식으로서 민주주의를 강조하는, 그리고 학생들을 미래의 공민이 아닌 현재를 살아가는 공민으로 파악하고 있다는 점에서 초기의 공민교육과는 다른 특징을 가진다. 이와 같은 새로운 공민교육의 핵심적인 주창자가 던(Arthur Dunn)이었고 새로운 공민교육 교과목은 '공동체 공민(community civics)'이었다. 공동체 공민은 이후 1916년 NEA 사회과 위원회의 최종 보고서에서 8학년과 9학년에 걸쳐 가르칠 것이 권고되어 사회과라는 새로운 교과의 성립에도 결정적인 기여를 하였다.

20세기 초반 미국 사회에서 등장한 새로운 형태의 공민교육은 두 가지 경로를 통해 초기 한국 사회과의 성립에 영향을 준다. 첫 번째 경로는 일본을 통한 간접적인 영향이며, 두 번째 경로는 해방 이후 미군정 시기 사회과의 도입과 관련한 직접적인 영향이다.

　　먼저 일본을 통한 공민과의 도입은 일제 식민지배라는 특수한 역사적 배경에 의해 설명된다. 메이지유신으로 근대화를 추진하던 일본은 입헌정치제도를 도입하고 이에 따라 일정 부분 공민교육에 대한 사회적 요구가 발생한다. 20세기 초반 일본의 공민교육은 사회교육 차원에서 진행되었으나 1920년대 실업학교를 중심으로 학교 교과목으로서 공민과가 도입되면서 변화를 겪게 된다. 공민과는 미국에서 등장한 새로운 형태의 공민교육인 공동체 공민의 영향을 받아 성립한 교과였기 때문이다. 이후 1930년대 초반 공민과는 실업학교뿐만 아니라 모든 중등학교에서 필수과목으로서 성격을 얻게 되어 공민교육을 위한 핵심 교과로서 역할을 하게 되었다.

　　일본 교육에 도입된 공민과는 일제 치하에 있던 식민지 조선에도 도입된다. 형식적이기는 하지만 2차 조선교육령에 의해 일본과 식민지 조선의 교육과정이 동조화되었기 때문이다. 즉, 일본인과 조선인의 교육 차별을 없애기 위해 일본과 조선의 교육과정의 유사성이 높아졌으며 이에 따라 일본에서 공민과가 필수과목으로 지정되자 식민지 조선에서도 공민과가 중등교육에 도입된 것이다. 그러나 1920년대 들어 보통선거권 제도가 정착된 일본과는 달리 일본의 제국의회 의원을 선출할 수 있는 선거권이 부여되지 않았던 식민지 조선에서 공민과는 일본의 공민과 나아가서는 미국의 공동체 공민과는 전혀 다른 성격을 가지게 되었다. 일제식민 치하였기 때문에 민주적 공민으로서의 기본 자질을 함양하는 것이 아니라 제국의 신민에게 요구되는 의무와 책임을 강조하는 성격을 가질 수밖에 없었던 것이다.

그 결과 해방 이전 일본을 통해 한국 사회에 도입되었던 공민과는 형태나 내용 체계에 있어 상당 부분 미국의 공동체 공민으로부터 영향을 받았지만 가장 핵심적인 민주주의에 대한 논의가 포함되지 않은 왜곡된 형태의 공민교육이었다.

반면 해방 이후 미군정기 도입된 사회과의 공민 영역은 민주주의에 대한 강조를 전제하고 있다. 미군정하 교육 개혁이 진보주의 교육 사조에 바탕을 두고 있었을 뿐만 아니라 해방 이후 건설될 독립국가의 기본적인 지향 또한 민주주의 국가였기 때문이다. 이에 따라 사회과 공민 영역의 교수요목은 미국의 공동체 공민으로부터 많은 영향을 받았으며 민주주의를 강조해 곳곳에서 등장하고 있다.

그러나 사회과 교수요목에서 나타난 새로운 공민 이념에 대한 강조는 실제 교과서에서는 완전하게 반영되지 못한 채 공익을 우선시하고 의무만을 강조하는 왜곡된 형태의 공민교육이 등장하기도 하였다. 민주정치 제도가 도입되었다고 하더라도 이를 생활방식으로 이해하고 이를 바탕으로 하여 공민 생활에 대한 교과서를 집필한다는 것은 매우 어려운 일이었으며, 이에 따라 일제 치하에서 도입되었던 공민교육의 사상과 내용이 상당 부분 참고되었던 것으로 판단된다. 그 결과 교수요목기 공민 교과에서는 공동체 공민으로 대표되는 미국의 새로운 공민교육 사상과 일제 치하에서 도입된 왜곡된 공민교육 사상이 혼재되어 있는 모습이 발견된다.

이와 같이 미국·일본·한국 공민교육의 역사적 기원을 살펴봄으로써 세 나라 공민교육이 가지는 연관성 및 차이점을 분석할 수 있었으며, 나아가 이 책에서 목표로 하였던 사회과 일사 영역이 추구하는 바에 대한 명확한 지향을 확인할 수 있다.

공민교육의 성립과정에 대한 역사적 접근을 통해 확인한 사회과 일사 영역의 지향점은 민주주의 사회구성원으로서의 시민 양성이다. 이에 따라 일사 영역은 사회과학을 단순화하여 가르치는 영역이 아닌 민주주의 사회를 살아가는 시민에게 요구되는 삶의 방식에 대해 가르치는 민주시민 교육을 위한 핵심 영역으로서 지위를 가진다. 나아가 일사 영역은 사회과를 민주시민 교육을 위한 핵심 교과로서 만들어 주는 원동력이기도 하다.

이러한 이유에서 일반사회 영역에서의 '일반(general)'이라는 용어는 단순히 사회과에서 필수적이라는 의미뿐만 시민교육 또는 공민교육에 있어서도 필수적이라는 의미로 확대되어야 한다. 일반사회 영역은 그 자체로서 민주주의 시민교육을 지향하고 있으며, 사회과라는 교과가 민주시민을 위한 핵심 교과로서 위상을 가지도록 하는 토대를 제공하고 있기 때문이다.

〈덧붙이는 글〉 던(Dunn)과 공동체 공민

　사회과 공민교육 역사에 있어 가장 극적인 반전은 20세기 초반 새
로운 패러다임에 바탕을 둔 공동체 공민의 등장이라고 할 수 있다.
공동체 공민은 공화주의 전통에 바탕을 둔 엘리트주의적이며, 지식
전달 중심의 전통적인 공민교육의 틀에서 벗어나 보통선거로 대표되
는 보편적 민주주의 시대에 맞는 새로운 형태의 공민교육의 비전을
제시하였다.

　공동체 공민의 역사적 의의는 Reuben을 비롯한 몇몇 연구자들에
의해 논의된 바 있으나 공동체 공민이 사회과 교육 및 공민교육에서
가지고 있는 위상을 고려해볼 때 그 구체적인 내용이나 특징에 대한
상세한 연구가 부족한 것이 현실이다.

　이러한 문제의식에서 보론 형식을 빌려 던(Arthur W. Dunn)의 생애
와 사상 그리고 공동체 공민의 구체적인 내용과 특징에 대해 살펴보
고자 한다.

　먼저 공동체 공민을 이해하기 위해서는 공동체 공민을 만든 핵심
인물인 던에 대한 이해가 필요하다. 이를 위해 '사회과 교육과 합리
성'(차조일, 2008)에 실려 있던 내용들을 재구성하여 던의 생애와 사
상적 배경을 살펴보고자 한다.

　던의 생애와 사상을 살펴본 다음, 이를 바탕으로 두고 공동체 공민

의 구체적인 내용과 특징을 구체적으로 살펴보고자 한다. 이를 위해 1916년 NEA 사회과 위원회의 보고서에 나타난 공동체 공민 관련 내용들을 전문 번역하여 공동체 공민의 내용과 특징에 대해 살펴보고자 한다.

I. 던의 생애: 농촌 공동체와 시정(市政) 개혁

던은 일리노이 출신으로서 대도시가 아닌 농촌공동체에서 자라났다. 그가 태어나서 자란 농촌공동체의 구성원들은 자기 자신을 위해서가 아니라 전체, 즉 공동체를 위해 노력하고 있었고 "사회의 질병은 인간에게만 나타나는 '이타적인 정신'의 개발을 통해 치료 가능하다."는 사실을 인식하고 있었다. 이와 같은 농촌공동체에서의 경험 때문에 던은 '이타적인 정신'을 키워 나가는 것을 일생의 목표로 삼았고, 나아가 공동체적 삶을 강조하였다. 어린 시절 자신이 경험했던 공동체적 삶에 대한 지향은 그의 논문제목인 "An Analysis of the Social Structure of a **Western Town**: a specimen study according to Small and Vincent's method(1896)"에서도 나타난다(Ruth, 2000, pp. 10-11).

던은 자유주의적 성향을 띠고 있던 Knox College에서의 생활을 통해 모든 인간은 재산, 국적, 성별, 사회적 지위에 관계없이 존엄하다는 인식을 가지게 되었다. 이후 1893년 여름 던은 시카고 대학교에 입학하였다. 당시 시카고 대학교의 교수진에는 스몰(Albion Small)과 듀이(John Dewey)가 있었다. 비록 시카고 대학교에서 학위를 받지는 못했지만 1900년까지 던과 시카고 대학교와의 관계는 이어졌다. 시카고에 있는 동안 그는 공동체 생활에 대한 이해를 소규모 공동체로부터 대도시의 공동체로 넓혀 나갔다(Reuben, 1997).

시카고에서의 생활을 마치고 난 후 던은 역사교사가 되었다. 역사교사로서 던은 전통적인 지식전달의 역사가 아닌 과학적 탐구로서의 역사를 주장하였다. 그는 교사를 강사가 아닌 지도자로, 학생을 능동적인 참여자 그리고 탐험가로서 파악하였다. 교사생활을 하던 1907년부터 1910년 사이에 그는 역사교육뿐만 아니라 공민교육에도 관심을 가지게 되었고 그 결과 새로운 공민교육의 기초를 마련하였다. 1906년 그는 자신의 첫 공민 교과서인 『공민: 공동체와 시민(Civics: the Community and the Citizen)』을 저술한다. 이 책에서 그는 정부와 시민 사이의 상호책임감보다 구체적으로 시민은 능동적으로 정부에 참여할 책임이 있으며 정부는 시민에게 실용적인 서비스를 제공해야 한다는 점을 강조하였다(Ruth, 2000, pp. 5-7)

이후 그는 전국시정(市政)연맹(National Municipal League: 이하 NML)에 참여하였고 교육부에 공민교육전문가로서 합류한다. 그의 공식직함은 'Collaborator in the Bureau of Education and specialist in civic education'이었다(Lybarger, 1981, p. 233). 그는 공민교육전문가로서 교육부에 있는 동안 NEA 사회과 위원회에 합류하여 공동체 공민(community civics)의 토대를 마련하였다(Lybarger, 1981, pp. 233-234). 그는 공민교육의 개혁을 통해 당시 미국 사회가 겪고 있던 사회적 문제를 해결하고자 하였다. 그는 이전의 공민교육을 구(舊)공민(Old Civics)으로 칭하면서 새로운 공민교육인 신(新)공민(New Civics)을 제안하였다.

이와 같은 던의 교육적 활동에 있어 이론적 토대를 제공한 사회사상은 사회개혁론이다. 던의 사회개혁론적 배경은 그가 활동하였던 NML의 성격에 대한 고찰을 통해 알 수 있다. 1894년에 조직된 NML은 시정(市政)을 개혁함으로써 도시생활의 개선을 시도하던 일종의 진보주의 운동단체였다. NML은 시정개혁을 위해 시의 자치, 전문가에 의한 행정, 행정기구의 간소화, 회계장부의 완전공개, 시 재산의 보호 등을 주장하였다. 또한 NML은 이러한 개혁노력을 과학적·체계적으로 진행하기 위해 전국 주요도시에 시정연구국(Bureau of Municipal Research)을 만들어 시정의 과학적 연구에 큰 성과를 올렸다(홍백룡, 1968, p. 203).

NML이 등장하게 된 것은 도시에서 부정부패가 만연하고 있었기 때문이었다. 당시 도시에서는 정치적 보스에 의해 좌우되는 정당조직들이 정치의 주도권을 가지고 있으면서 온갖 부정부패를 저지르고 있었다. 이들의 전횡 때문에 남북전쟁 이후 몇십 년간 미국 대도시의 덕망 있는 시민들은 정치를 타락하고 야비한 활동으로 보고 정치에 참여하는 것을 피해왔다(Brinkley, 1998).

NML의 진보주의자들은 정치에 대한 적극적인 참여를 통해 시정을 장악하고 있던 정치적 보스들과 그들의 정당조직에 대한 비판과 개혁을 시도하였다. 진보주의자들의 시정개혁 노력을 통해 시장과 시의회로 이루어진 시정(市政)체제를 비당파적인 위원회 체제로 대체하고자 하였다. 텍사스 주의 갤버스턴(Galveston)에서 해일피해 복구를 위해 무능한 구식 시정체제를 위원회 체제로 개혁한 이후 1940년까지 332개 도시가 이 제도를 도입하였다(Morison & Commager, 1950, p. 384).

NML을 중심으로 한 시정개혁운동은 이후 주정부에 대한 개혁운동으로 이어졌다. 위스콘신 주에서는 1900년 혁신주의자였던 라폴레트(La Follette)가 주지사로 당선되어 주정부의 개혁을 이끌었다. 직접적인 예비선거, 주민발의, 주민투표, 철도와 공공시설에 대한 규제를 실

시하였고 산업재해에 대한 보상, 상속에 대한 누진세 적용, 기업의 이
윤에 대한 세율인상 등의 개혁정책을 실시하였다(홍백룡, 1968, pp.
204-205).

　이와 같이 사회개혁론적 사상에 바탕한 NML에서 던은 공민교육
전문가로 활동하였다. NML은 시정개혁운동을 전개하는 과정에서 자
신들의 개혁주장을 실천하기 위해 공민교육에 관심을 가지게 되었고
그 실무를 담당했던 사람이 바로 던이다. 던은 1913년 토론토에서 행
한 공민교육 증진방안에 대한 연설을 통해 시정개혁을 위해서는 교
육부, 교육행정가 및 교사들의 협조가 필요함을 주장하면서 NML이
'공민교육자문위원회'를 구성하고 상근 간사를 두어야 한다고 제안
하였다. 그의 제안은 NML에 의해 받아들여졌고 던은 '공민교육자문
위원회'의 상근 간사로 임명되었다(Lybarger, 1981, p. 232).

　공민교육전문가로서 던은 사회개혁론에 바탕을 두고 공민교육의
개혁을 주장하였다. 그가 새롭게 제시한 공민교육이 바로 '공동체 공
민'이다. 공동체 공민은 1905년경 던에 의해 인디애나폴리스에서 시
도된 교과목이다. 던의 공동체 공민은 역사, 지리 그리고 공민의 요
소를 모두 포함하고 있기 때문에 진정한 의미에서 공립학교에서 시
도된 최초의 사회과라고 할 수 있다.

　던의 공동체 공민은 1915년 분과위원회보고서인 "The Teaching of
Community Civics"를 거쳐 1916년 최종보고서에서도 중요한 역할을 하였다.

II. 던의 사상: 진보주의 운동과 사회개혁론

　던의 사상적 배경으로는 진보주의와 사회개혁론을 들 수 있다. 진

보주의는 미국 사회의 개혁을 위해 나타난 사회운동이며 이를 이론적으로 뒷받침한 것이 사회학적 전통에서 발달한 사회개혁론이다. 던은 사회개혁론 중에서 스펜서나 섬너의 전통이 아닌 워드 및 듀이 전통의 영향을 받아 교육을 통한 적극적인 사회개혁을 주장하였다.

1. 진보주의 운동

일반적으로 진보주의 운동은 문학이나 언론에서 시작된 것으로 알려져 있다. 진보주의 작가들의 공통된 주제는 지적이고 참여적인 시민에 의해 사회악을 교정하고 사회와 정부를 개혁하는 것이었다. 각종 트러스트, 금융계, 철도회사들의 횡포 등에 관한 기사가 일간신문과 『McClure's』, 『Everybody's』, 『Collier's』와 같은 인기 있는 잡지들에 게재되기 시작했다. 싱클레어(Sinclair)는 『The Jungle』이라는 소설에서 시카고의 대규모 정육업체들의 비위생적인 상태를 폭로했다. 드라이저(Dreiser)는 『The Financier』와 『The Titan』에서 대기업체들의 간계를 묘사했다. 노리스(Norris)는 『The Pit』에서 정보의 조작이 시카고의 곡물시장에 어떠한 영향을 주었는지를 폭로했다. 스테픈(Steffens)은 『The Shame of the Cities』에서 정치적 부패상을 폭로했다. 이 같은 '폭로문학(literature of exposure)'은 시민들을 각성시켜 그들이 사회문제 해결을 위해 구체적인 행동을 취할 수 있도록 영향을 주었다(Brady, 1993, pp. 7-8).

문학과 언론에서 시작된 진보주의 운동은 정치·사회적인 개혁으로 파급되었다. 작가들의 사회비판정신과 이에 따른 시민들의 각성은 정치 지도자들로 하여금 사회문제 해결을 위한 실제적인 정책들을 입안하게 하였던 것이다. 많은 주에서 시민들의 생활과 근로 조건을 개선하기 위한 법률들을 제정했다. 예를 들어 강화된 아동노동법은 아동노동의 연령 하한선을 올렸고, 근로시간을 단축시켰고, 야간작업을 제한했으며, 아동들을 반드시 취학시키도록 규정했다(Brinkley, 1998, pp. 314-317).

미국 역사에서 진보주의 운동이 무엇인지에 대한 합의는 명확하지 않지만[32] 진보주의자들은 기업의 독점과 정부의 부패를 강력하게 비판하면서 폭넓은 민주주의와 사회정의, 정직한 정부, 기업체에 대한 보다 효과적인 규제, 그리고 헌신적인 공무수행 풍토의 부흥 등을 통한 사회개혁을 요구하였다. 일반적으로 그들은 통치 범위를 확대함으로써 미국사회의 진보와 미국 시민의 복지 향상을 확실하게 할 수 있다고 믿었다(Brinkley, 1998, pp. 344-345).

진보주의 운동은 일반적으로 다음과 같은 주장에 근거하고 있다. 첫째, 사회는 변화해왔고 앞으로도 변화할 것이다. 둘째, 민주주의는 사회변화로 인해 발생한 문제들에 대한 해결책을 찾아야만 한다. 셋째, 민주주의는 사회문제 해결을 위해 지식을 적용할 수 있는 시민들을 통해 사회문제를 해결할 수 있다(Brady, 1993, p. 8).

그러나 진보주의자들은 강한 결속력을 가진 집단이 아니라 개인들의 집합(collection)이었을 뿐이다. 이들 진보주의자들은 결코 엄밀한 공통의 목적을 가지지 못했으며 사회개혁의 필요성에 대한 인식 이외에는 별다른 공통점이 없었다. 이에 따라 진보주의자들 내부에서 다양한 지향이 나타났고 이러한 지향들은 합의(consensus)를 이룬 것이

---

32) 진보주의라는 용어는 역사학, 사회과학, 교육학 등 여러 학문분야에서 다양한 의미로 사용되고 있다. 이 글에서 사용하는 진보주의는 미국 역사학에서 19세기 후반부터 20세기 초반 나타나는 사회개혁사조를 부르기 위해 사용하는 용어이다. 역사학자들은 이를 혁신주의라고 번역하기도 한다.

아니라 일종의 종합(synthesis) 차원에 머물렀다(Brady, 1993, p. 8).

이와 같은 진보주의 운동을 뒷받침한 사회사상은 사회진화론(Social Darwinism)과 사회개혁론(Social Reformism)[33])이다. 진보주의 운동으로 대표되던 미국 사회의 사회문제 해결 노력을 뒷받침하던 이 두 사상은 모두 사회의 발전가능성을 받아들이고 있다. 실제 진보주의자들의 목표는 혁명(Revolution)이 아닌 진화(Evolution)였으며 이에 따라 일부 연구자들은 사회개혁론자들을 진보적 진화론자로 표현하기도 하였다(Hofstadter, 1955).

그러나 이 두 사상은 인간의 의도적인 개입이 사회발전에 어떠한 영향을 줄 수 있는지에 대해서는 서로 다른 견해를 가진다. 스펜서(Herbert Spencer), 섬너(William Sumner)와 같은 사회진화론자들은 적자생존이라는 자연법칙에 근거하여 사회에 대한 정부의 자유방임을 주장하였다. 반면 워드(Lester Ward), 듀이(John Dewey)와 같은 사회개혁론자들은 정부의 적극적인 개입을 통한 사회복지의 실현을 주장하였다.

2. 사회개혁론

사회개혁론에 대한 이해를 위해서는 진보주의 운동의 또 다른 축이었던 사회진화론에 대한 검토가 필요하다. 다윈의 진화론으로부터 경쟁과 적자생존의 원리를 받아들인 사회진화론은 인간사회를 '적자

---

33) 일반적으로 루스벨트(Theodore Roosevelt)가 대통령직을 승계한 이후 윌슨까지의 시기를 진보주의 시대라고 부르지만 이 시기 활동하였던 진보주의자들이 어떤 사람들이었는지에 대해서는 논란의 여지가 있고 따라서 이 시기의 핵심이 되는 진보주의 운동의 성격에 대해서도 많은 논쟁이 있었다. 진보주의 운동에 대한 전통적인 해석은 도시의 보스들, 거대 기업가들, 부패한 공직자들의 과도한 권력에 대항한 시민들의 저항 운동으로 인식하는 것이다. 이러한 해석에 대해 호프스태터(Hofstadter)는 『The Age of Reform』에서 진보주의자들은 사회변동으로 지위를 상실한 전통사회의 엘리트들이 자신들의 권위를 되찾기 위해 일으킨 지위회복운동이었다는 새로운 해석을 제시하였다. 이러한 해석을 계기로 진보주의의 성격에 대한 다양한 연구와 해석들이 진행되고 있다(이주영, 1980; 이주영, 1990; 김정욱, 1998).

생존'의 원리에 의해 끊임없는 생존경쟁이 이루어지는 공간으로 보았다. 사회진화론을 주장한 이론가는 영국의 스펜서였으며 이를 미국에 도입한 것은 섬너였다.

스펜서는 다윈이 주장한 생물의 진화원리를 인간사회에 적용하여 사회진화론을 주장하였다. 사회진화론에서는 사회를 다른 생물체와 마찬가지로 경쟁을 통해 진화해 가는 유기체로 보았기 때문에 자연도태와 적자생존 원리의 적용을 통해 생물뿐만 아니라 인간사회에 대해서도 과학적인 설명이 가능하였다. 사회진화론에 따르면 진화의 법칙이 적용되는 경쟁사회에서는 우수한 자들만이 살아남을 수 있고 이들로 인해 사회는 지속적으로 발전할 수 있다(Timasheff, 1985, pp. 60-64).

이러한 이유에서 스펜서는 개인들 간의 자유로운 경쟁을 기반으로 시장경제체제를 적극적으로 옹호하였다. 시장경제체제에서 나타나는 불평등은 근면·절약과 같은 개인적 기질의 '자연적' 차이에 따른 것으로 설명되었다. 스펜서는 종(種)의 생존이 생물학적 선택의 결과이듯 부(富) 또한 사회적 선택의 결과로 보았다. 생존경쟁에서 부는 성공의 상징인 것이다. 따라서 스펜서는 사회적 선택의 결과인 현실의 유지, 즉 현상유지가 중요한 과제였다. 즉, 인간의 의도적인 행위에 의해 사회를 개혁하려는 시도는 자연적 과정을 방해하는 것으로 보았다. 나아가 스펜서와 그 추종자들은 개혁을 위한 집단적인 노력은 무의미하다고 주장하고 투박한 개인주의를 신봉했다. 또한 스펜서는 서구산업사회를 진화의 최종단계로 파악하였기 때문에 서구산업사회의 문화적·생물학적 우월성에 대한 신념을 가지고 있었다. 그 결과 스펜서의 사상은 서구의 제국주의적·식민주의적·인종주의적 정책을 정당화하는 데 이용되기도 하였다(고영복, 1994, pp. 95-98).

스펜서는 진화론적 입장을 교육에도 적용하였다. 그의 교육사상에 있어 핵심적인 내용은 아동을 진화의 결과로서 보았다는 점이다. 그에 따르면 아동은 진화의 법칙에 따라 인류의 발전경험을 요약된 형태로 되풀이한다. 즉, 아동의 지식발생은 인류의 지식발생과 동일한 과정을 따르는 '반복적인 발생과정(recapitulation)'을 거치게 되는 것이다. 따라서 스펜서의 사회진화론에서 교육은 실제적이어야 하며, 간단한 것에서 복잡한 것으로, 구체적인 것에서 추상적인 것으로, 그리고 경험적인 것에서 합리적인 것으로 진행되어야 한다. 그는 그리스어나 라틴어와 같은 고전보다 과학을 배워야 한다고 주장하였다. 이러한 그의 교육관은 미국에서 선택과목제의 도입, 과학과목의 확대, 고전과목의 감소 등에 영향을 주었다. 스펜서는 미국 학교에서 매우 실천적이고 과학적인 교육과정, 효율적인 교육과정을 주장한 사람들에게 이론적 바탕을 제공하였다(Karier, 1990, pp. 177-178).

스펜서의 사회진화론은 1870년대와 1880년대 사이에 미국에서 엄청난 인기를 얻었다. 자신의 조국인 영국에서는 시대에 뒤떨어진 사회철학으로서 별다른 주목을 받지 못하고 있던 스펜서의 사상이 급격한 사회변동을 경험하고 있던 미국에서 지지자들을 찾은 것이다.

당시 미국의 많은 기업가들은 사회진화론에 기초하여 자신들의 부와 권력이 미국사회의 전통적인 미덕인 근면과 절약을 통해 성취된 것이라고 주장했다. 그들은 자신들이 성공한 이유가 이와 같은 미덕을 가졌기 때문이라고 생각했으며 실패한 사람들은 그 이유가 게으름, 어리석음, 부주의와 같은 악덕을 가졌기 때문이라고 주장하였다. 결국 자신들은 산업사회에 적합한 인간상이며 자신들과 같은 미덕을 갖춘 자들만이 산업사회에서 생존할 수 있다는 것이다. 적자생존의 원리를 산업사회에 적용한 것이다. 이처럼 사회진화론은 기업가들에게는 그들의 성공을 정당화해주고 자신들이 가진 근면과 절약의 덕목을 사회적으로 인정해주는 것이었기 때문에 큰 호소력을 가졌다 (Brinkley, 1998, pp. 250-252).

스펜서의 이론에 지지를 보낸 것은 미국의 기업가들만이 아니다. 스펜서의 이론은 학자들에 의해서도 지지를 받았다. 사회진화론을 체계적으로 도입한 미국의 대표적인 사회학자가 바로 섬너이다. 미국 사회학의 선구자인 섬너는 스펜서의 사회진화론을 바탕으로 당시 미국사회의 발전을 뒷받침하는 사상적 기반을 제공하였다(주낙원, 1990, pp. 51-59)

섬너는 성직자의 가정에서 자랐기 때문에 사회진화론자였음에도 불구하고 기독교적인 도덕주의가 바탕을 이루고 있다. 섬너는 도덕적인 정의감에 바탕을 두고 거대한 트러스트 및 대기업들을 비판하였다. 그렇지만 섬너는 사회개혁을 통해 적자생존의 경쟁 과정에 적극적으로 개입하려는 개혁주의자들도 싫어했다. 적자생존의 법칙은 인간이 만든 것도 아니고 인간에 의하여 폐지될 수 있는 것도 아니었기 때문이다. 섬너는 강한 자가 바로 부지런한 자이며 검소한 자라는 것을, 그리고 약한 자가 바로 게으른 자이며 낭비하는 자라는 것을 인식하지 못하는 것이 개혁주의자들의 문제점이라고 생각하였다. 섬너는 개혁주의자들이 주장하는 사회개혁은 적자생존의 법칙을 무력화시킬 것이고 결국 사회에 부적합한 자들을 대량으로 만들어 낼 것이라고 예측하였다. 이에 따라 섬너는 이성, 교육 그리고 집단적인 행위를 통하여 인간이 적어도 지금보다 나은 사회를 건설할 수 있을 것이라는 박애주의적 입장에 대해 비판하였다. 섬너에게 있어 과학적인 자연법칙의 지배를 받는 사회질서 속에서 사회과학이 해야 할 일은 자연법칙을 밝혀냄으로써 인간이 보다 철저히 자연의 지시에 순응하게 하는 것이다(고영복, 1994, pp. 327-332).

섬너는 사회개혁을 통해 적자생존이라는 자연법칙을 무력화시키기보다는 교육을 통해 근면절약 등과 같이 생존에 필요한 덕목들을 가르쳐주고 개인의 지적능력을 발달시켜주는 것이 필요하다고 주장했다. 그에게 있어 학교는 산업사회에서 요구되는 사회관습을 가르치고 경쟁체제에 대한 적응력을 길러주는 공간이다. 또한 학교는 인류의 경험과 지식, 인류의 모든 정신적 능력을 젊은이들에게 전달하는 제도적 기관이다(Karier, 1990, p. 186).

이러한 섬너의 교육관은 이후 "학교가 사회개혁의 도구가 아니다." "학교의 주된 기능은 문화적 유산을 전달하는 것이다." "공교육은 천재를 판정하고 교육하는 기능을 해야 한다." "학교는 보다 큰 경쟁사회에 들어가도록 준비시켜 주는 곳이어야 한다."는 등의 논의들로 이어져 내려온다(Karier, 1990, pp. 189).

스펜서나 섬너에 의해 제기된 사회진화론은 그 보수적인 성격과 사회문제에 대한 무관심 때문에 많은 비판을 받게 되었다. 이에 워드(Ward)나 듀이 등에 의해 주장된 사회개혁론에서는 정부의 개입을 통해 사회문제를 시정하고자 하였다. 이들은 기본적으로 자연법칙이 아닌 인간의 의도적인 개입을 통해 사회가 발전할 수 있다고 믿었다. 그러나 이들도 과학에 바탕을 두고 순리적인 변화를 모색하면서 체제를 유지하려고 했던 점에서 한계를 가지고 있다.

섬너와 함께 초기 미국 사회학의 선구자였던 워드는 진화의 법칙을 부정하지 않았기 때문에 종종 사회진화론자로 분류되기도 하지만[34] 본질적으로는 사회진화론의 생물학적 비유를 거부하고 사회개혁의 필요성을 주장한 사회개혁론자이다.

워드는 사회진화론자들이 인간사회와 자연현상에 대해 동일한 진화의 법칙을 적용하는 것을 비판하였다. 그에 따르면 자연의 진화는 발생(genesis)의 법칙에 따라 진행되고 인간의 진화는 목적성(telesis)에 의하여 진행된다. 즉, 발생의 법칙에 따라 진행되는 자연의 진화는 목적이 없지만 인간의 진화는 '목적'을 가지고 진행되는 것이다. 자연에 적용되는 진화의 법칙과 인간사회에 적용되는 진화의 법칙을 구분함으로써 워드는 사회과학을 생물학에서 벗어나게 하였다. 그에게 있어 새롭게 만들어진 사회과학은 사회개혁을 위한 과학적인 도구였다. 이러한 논의를 통해 워드는 진화의 과정에 대한 인간의 의도적인 개입을 과학적으로 정당화하였다(고영복, 1994, pp. 332-336).

그의 사회개혁론적 성향은 교육관에서도 나타난다. 그는 교육이 사회의 발전을 촉진하는 기능을 할 수 있음을 강조하였다. 즉, 교육을 통해 일반대중들을 보다 지성적인 민주시민으로 만들 수 있을 것이라고 생각했던 것이다. 그에게 있어 지성의 평준화야말로 가장 바람직한 사회개혁의 방향이었다. 그는 사회에서 고통받고 있는 하층민들이 적절한 교육을 받을 수만 있다면 상층민들과 동등한 입장에 설 수 있다고 확신하였다(Karier, 1990, pp. 191-195).

교육을 받기 위해 많은 것을 희생했던 자신의 경험에 비추어 워드는 일반대중들에게 보다 많은 교육의 혜택이 돌아가야 한다고 강조

---

34) 호프스태터에 따르면 20세기에 들어서면서 미국의 사회진화론은 크게 두 개의 집단으로 분리되었다. 하나는 보수적 다원주의(Darwinism)로서 기업가들을 문명의 꽃으로 찬양하고 자유방임적인 경제체제에 이데올로기적인 지원을 아끼지 않았다. 다른 하나는 사회문제 해결을 위한 정부의 개입을 주장한 개혁적 다원주의였다. 그는 워드를 개혁적 다원주의로 분류하였다(Hofstater, 1955).

하였다. 그에 따르면 사회의 문화발전 정도는 그 사회가 교육의 기회가 얼마나 보장하고 있는지를 통해 알 수 있다는 것이다. 이에 따라 그는 국가 차원의 의무교육을 주장하였다.

미국의 대표적인 실용주의자인 듀이가 본격적으로 사회문제에 대해 관심을 가지게 된 것은 시카고 대학교에 재직하면서부터이다. 시카고 빈민가의 복지시설인 'Hull House'에서의 활동을 통해 이민과 소수민족의 열악한 상황에 대해 자세히 알게 된 듀이는 빈민 구제, 노동조합 합법화, 독점기업 견제 등을 위해 노력하였다(이주한, 2000).

이와 같은 사회문제들을 해결하기 위해 듀이가 채택한 해결방법은 바로 과학이었다. 듀이에게 있어 과학은 인간과는 무관하게 스스로의 내적 논리에 따라 사회의 미래에 영향을 주는 것이 아니라 인간의 능동적이고 도덕적인 선택에 의해 사회에 영향을 미치고 그 작용의 방향이 결정되는 것이다. 따라서 과학의 활용을 통하여 인간은 자신의 미래를 창조할 수 있으며 나아가 보다 나은 사회질서도 창조할 수 있다. 물론 듀이가 생각하는 좋은 사회란 하나의 이상적인 모습으로 정형화되어 있는 것이 아니라, 자유로운 지적 능력을 가진 인간들이 사회문제 해결에 적극적으로 참여하는 다원적인 사회이다(Karier, 1990).

듀이의 사회개혁론에 있어 구체적인 실천방안은 바로 교육이다.[35] 듀이는 교육을 사회의 진보와 개혁을 위한 가장 기본적인 수단으로 보았다. 이에 따라 교육을 담당하는 사회기관인 학교는 미래의 보다 나은 사회질서 창조를 위해 중요한 역할을 하는 장소가 된다. 실제로

---

35) 송선희(1996)는 기존의 듀이 관련연구들을 정리하면서 듀이의 사회사상을 '사회개혁사상의 형성기', '학교교육을 통한 사회개혁기', '경제개혁을 통한 사회개혁기' 등으로 구분하고 있다. 사회과 성립의 배경이 되는 듀이의 사회사상은 '학교교육을 통한 사회개혁기'에 속한다.

듀이에게 있어 학교는 성인이 된 후 그들 스스로 의사결정을 할 수 있는 비판적인 시민을 길러냄으로써 사회를 개혁해 나가는 유용한 도구였다(이주한, 2000, pp. 159-234).

그러나 듀이는 새로운 사회질서를 구체적으로 상세하게 계획하여 정형화하는 것에는 반대했다. 급격하게 변화하는 사회에서 미래에 대한 상세한 청사진을 제시하는 것은 불가능할 뿐만 아니라 지적 능력의 자유로운 활용을 제한하기 때문이다. 이 점에 있어 그의 사회개혁론은 과학적으로 계획되고 정형화된 모습의 이상적 사회를 향해 학생들을 교화시키면서 사회를 개혁하고자 하였던 카운츠(Counts)나 브라멜드(Brameld) 등의 사회재건론(Social Reconstruction)과는 구분된다(Karier, 1990, pp. 240-241).

III. 1916년 NEA 사회과 위원회와 공동체 공민

미국 사회과 성립의 직접적인 배경은 NEA에서 조직한 '사회과 위원회'이다. 1894년 하버드 대학교의 총장이었던 엘리엇(Eliot)을 의장으로 한 'NEA 10인 위원회'가 중등교육 개혁에 대한 최종보고서를 제출한 이래 중등교육개혁에 대한 끊임없는 요구들이 나타났다. 'NEA 10인 위원회' 최종보고서에 대해서 크게 세 가지의 비판이 있었는데 라틴어, 대수(Algebra), 고대사 등의 시대에 뒤떨어진 교과목에 대한 불만, 공립학교가 학생들에게 가장 기본적인 도덕교육조차 시키고 있지 않다는 불만, 공립학교가 대학진학을 하지 않는 졸업생이나 중도 포기학생들을 위한 교육과정을 전혀 마련하고 있지 않다는 불만 등이 제기되었다(Hertzberg, 1981, pp. 8-12).

이에 NEA에서 중등교육개혁위원회(The Commission on the Reorganization of Secondary Education: 이하 CRSE)를 만들어 중등교육개혁을 도모하였다. CRSE가 여러 교과위원회 중 가장 성공적이었다고 평가받는 사회과 위원회는 이전의 역사나 공민 관련 위원회들과는 달리 교수가 아닌 교사들이 다수를 차지하고 있었다. NEA 사회과 위원회는 1914년 "A Preliminary Statement", 1915년 "The Teaching of Community Civics", 1916년의 최종보고서 "The Social Studies in Secondary Education" 등 3개의 문서를 제출하여 사회과의 토대를 마련하였다(Lybarger, 1975, pp. 3-4).

NEA 사회과 위원회의 최종 보고서에서 제시되고 있는 공동체 공민 관련 내용은 다음과 같다.[36]

1. 1915년 보고서

1915년 분과위원회 보고서에서는 8학년과 9학년들을 대상으로 한 공동체 공민의 목표, 방법, 내용 등을 상세하게 제시하였다. 이 보고서는 NEA 사회과 위원회의 승인을 얻은 것으로 미국 교육부 문서 23호 『공동체 공민의 교수』로 발행되었으며 1916년 보고서에도 일부 포함되었다. 1915년 보고서의 핵심적인 특징은 다음과 같이 요약하여 제시할 수 있다.

1) '공동체'의 의미

공동체 공민은 기본적으로 지역사회 차원의 공동체를 강조하고 있

---

36) 이 부분은 NEA 사회과 위원회의 최종보고서(Report of the Committee on Social Studies of the Commission on the Reorganization of Secondary Education of the National Education Association)의 22쪽부터 34쪽까지의 내용을 전문 번역한 것이다.

다. 이는 다음과 같은 이유 때문이다. 첫째, 모든 시민들 그중에서도 특히 아동들은 지역공동체에서 가장 친밀한 관계를 맺으며, 지역공동체가 아동들의 경험에 있어 항상 전면에 존재하기 때문이다. 둘째, 지역공동체는 아동들이 지역사회의 구성원으로서 사회적 지위를 깨닫고 이에 대한 책임감을 느끼게 할 뿐만 아니라 다른 사회구성원들과 실제적인 협력관계를 맺는 것 또한 용이하게 해주기 때문이다.

그러나 아동들은 우리 도시 또는 우리 마을뿐만 아니라 우리나라와 우리 주(state)의 구성원이기도 하다. 즉, 시민으로서 아동들은 지역공동체보다 작은 규모의 공동체 구성원이기도 하며 지역공동체보다 큰 규모의 공동체 구성원이기도 한 것이다. 따라서 공동체 공민이라는 용어에서 핵심은 지리적 의미가 아닌 공동체에서의 관계 및 공동체에 대한 관심에 있다. 이러한 관점에서 볼 때 공동체 공민은 지역공동체뿐만 아니라 국가공동체에 대해서도 공부하는 과목이 된다.

2) 공동체 공민의 목적

공동체 공민의 목적은 아동들이 공동체에 대해 알 수 있도록 도와주는 것이다. 그런데 주의할 점은 공동체에 대해 안다는 것은 공동체에 대한 수많은 사실들을 암기하는 것이 아니라 공동체에서의 삶의 의미, 공동체가 구성원들에게 요구하는 것, 의무 수행방법 등을 이해하는 한편 선량한 시민으로서의 필수적인 자질과 습관을 함양하는 것이다.

공동체 공민의 목적은 다음과 같이 제시할 수 있다.

> 시민성 훈련이라는 측면을 달성하기 위해 공동체 공민은 학생들을 다음과 같은 방향으로 인도해야 한다.

첫째, 자신과 자신이 속해 있는 사회와의 관계에서 공동체의 복지를 구성하는 요소들의 중요성과 의미를 알도록 해야 한다.
둘째, 공동체의 복지를 지켜주기 위해 존재하는 각종 사회기관(social agencies)들에 대해 알도록 해야 한다.
셋째, 시민들로 하여금 현재와 미래에 자신이 시민으로서 수행해야 할 의무를 인식하고 이와 같은 의무에 부응하는 적절한 행동을 하도록 해야 한다.

한 가지 유의할 점은 1915년 보고서에서 제시된 공동체 공민의 독특한 특징은 위에서 제시된 3가지의 목적과 뒤에서 제시될 교수학습의 3가지 단계들이 상호 밀접한 관계를 가지고 있다는 것이다.

3) 공동체 공민의 교수방법

공동체 공민의 특징은 정부 조직이 아닌 공동체의 복지를 구성하는 요소들에 관심의 초점을 두고 있다는 점이다. 정부 조직에 대한 논의는 공동체의 복지를 구성하는 요소들을 다루기 위한 사전 단계에서만 다루어져야 한다.

공동체 복지의 구성 요소들은 이와 같은 새로운 형태의 공민을 조직하는 원리로서 작동한다.

다음과 같은 공동체 복지의 구성요소들이 수업 주제가 되어야 한다.
(1) 건강 (2) 생명과 재산의 보호 (3) 여가 (4) 교육 (5) 도시미관(Civic Beauty) (6) 부 (7) 통신 (8) 교통 (9) 이주 (10) 자선 (11) 교정
덧붙여 공동체 공민 수업에서는 다음과 같이 사회기관(정부기관과 민간기관)의 작동원리에 대한 주제들도 포함할 수 있다.
(12) 정부 기관들은 역할을 어떻게 수행하는가?
(13) 정부 기관들은 어떤 방식으로 재정을 확보하는가?
(14) 민간 기관들은 어떻게 역할을 수행하며 어떤 방식으로 재정을 확보하는가?

4) 공동체 공민의 교수-학습 방법

공동체 공민의 교수 학습은 다음과 같은 사회적 사실들에 기반해야 한다.

첫째, 학생들은 문제에 대해 실제적인 관심을 가지고 있는 젊은 시민이다. 그러므로 교사들은 학생들에게 미래에 대한 관심을 가지도록 하는 것이 아니라 지금 현재 학생들이 가지고 있는 관심 및 시민성을 드러낼 수 있도록 지도해야 한다.

둘째, 젊은 시민으로서 학생들은 현재의 공동체 문제해결에 실제적으로 참여할 수 있다. 그러므로 교사들은 학생들이 미래뿐만 아니라 현재에 대해서도 책임감을 느낄 수 있도록 지도해야 한다.

셋째, 만약 시민들이 현재의 공동체 문제에 대해 관심을 가지고 있고 이와 관련된 책임감 또한 있다면, 시민들은 행동하기를 원할 것이다. 그러므로 교사는 학생들이 말과 행동에 있어 자신들의 신념을 드러낼 수 있도록 지도해야 한다. 학생들에게 학교 안과 밖에서 공민으로서의 삶을 살아갈 기회를 가져야 한다.

넷째, 올바른 행동은 정보, 관심, 의지만으로는 행해질 수 없고 좋은 판단이 추가되어야 한다. 이를 위해 젊은 시민들은 자신이 처한 상황의 핵심적인 요소 및 이를 해결할 수 있는 수단에 대하여 사실관계를 검토하고 관련된 가치에 대해 판단할 수 있도록 훈련받아야 한다.

다섯째, 모든 시민들은 공동체의 문제에 대해 조직화되지는 않았지만 많은 정보들을 가지고 있다. 그러므로 학생들에게 자신들이 가진 지식을 어떤 방식으로 검증하고 조직할지 가르치는 것이 중요하다.

여섯째, 사람들은 직접적인 경험이나 관찰에 바탕을 두고 스스로 숙고하여 결정한 신념에 따라 행동할 때 가장 적극적인 모습을 가지게 된다. 그러므로 교사는 수업에서 학생들이 경험으로부터 사실을 도출할 수 있도록, 학생들이 스스로의 힘으로 다른 사실들을 모을 수 있도록, 학생들이 스스로의 논리적 추론력을 발휘해서 결론을 도출할 수 있도록, 결론에 대한 비판을 요청할 수 있도록 가르쳐야 한다.

일곱째, 교실 수업은 공동체 생활에 있어 본질적인 특징들을 담고 있다. 따라서 교실 수업에서의 활동 방식은 시민의 자질과 습관을 함양하는 데 있어 매우 중요한 요소이다.

공동체 공민에서 복지의 구성요소들을 가르치기 위한 수업단계는 다음과 같이 3단계로 구분할 수 있다. 참고로 다음에서 제시되는 3단계는 앞서 제시된 공동체 공민이 추구하는 3가지 목적과 밀접한 관련을 가지는 것이다.

1단계) 주제에 대한 접근
복지의 요소들에 대한 수업을 시작함에 있어 교사들은 학생들에게 자기 자신, 이웃 그리고 공동체에서 중요하게 생각하는 것이 무엇인지 깨닫게 해야 한다. 또한 개인들이 각종 사회기관들에 의존하여 생활하고 있음을 알도록 해야 한다. 이 단계에서는 주제에 대한 접근방식이 중요하다. 주제에 대한 적절하고 효과적인 접근방식을 계획하기 위해서는 정교함과 함께 풍부한 자료들이 필요하다. 이 보고서에서는 예시를 통해 다양한 접근방식들을 소개하고 있지만, 교사들은 이러한 접근방식들이 자신의 수업을 위한 최고의 접근방식이 아니라고 생각한다면 언제라도 새로운 접근방식을 찾을 수 있다.

2단계) 관련 사회기관에 대한 탐색
1단계가 끝나면 보고서에 제시된 사회기관들에 대한 보다 구체적이고 상세한 탐색을 통해 학생들의 지식을 확장시켜 나갈 수 있다. 이러한 탐색은 지역 상황에 대한 직접적인 관찰 및 공부들로 구성되어야 한다. 각각의 주제와 관련된 사회기관들이 너무 많기 때문에 이들을 모두 묶어 수업에서 전체적으로 다루고자 하는 시도는 하지 말아야 한다. 무리하게 시도할 경우 피상적인 내용들만 다루게 될 것이며, 학생들의 흥미를 말살하고 수업의 목적을 달성하지 못하게 하는 결과를 가져올 것이다.

3단계) 책임에 대한 자각
공동체 공민에서의 수업은 학생들이 책임감을 느끼고 그 결과 올바른 행동을 실천하였을 경우 비로소 종결된다. 이러한 목표를 달성하는 것은 교사에게 있어 가장 어렵고 섬세함을 요구하는 임무이다. 이 보고서에서는 복지의 요소를 가르치는 데 있어 3번째 단계로 다루어지고 있지만 이것은 이전의 2단계와 조화를 이루어야 하며, 이전 단계들의 결과이기도 하다. 이전 단계들에서 제시한 내용들이 잘 수행되었다면, 학생들의 책임감과 행위에 대한 열망, 그리고 어떻게 행동할 것인지에 대한 지식 등이 발달되었을 것이다. 이와 같은 측면에서의 학생 발달 정도를 측정하여 이전 단계들의 효과에 대해 검증할 수 있다.

2. 9학년 공민

8학년에서 공동체 공민에 대한 규정이 만들어지면서 8학년은 9학년에서 진행될 공민교육의 준비 과정으로서 성격을 가지게 되었다. 9학년에서의 공민교육이 8학년 공민교육에 바탕하고 있기 때문이다. 그러나 9학년에서의 공민교육 과정은 8학년보다는 보다 넓은 지평에서 학생들이 새로운 관점과 새로운 관계를 발달시키도록 도와주며, 이전 학년에서는 가르치지 않거나 가볍게 다루기만 하였던 사회적인 그리고 공민적인 삶의 다양한 측면들을 강조하고 있다. 나아가 9학년 과정에서 이루어지는 공민교육은 이후 진행될 10학년에서 12학년 사회과의 실질적인 토대를 제공해야만 한다.

1) 국가적 차원으로의 확장

연방 정부와 관련된 내용만을 다루는 데 대한 반발과 지역사회 공동체에 대한 관심의 증대는 결과적으로 공민교육에서 국가에 대한 관심을 줄어들게 하였다. 그러나 지역사회 공동체에서의 삶 및 지역 차원에서의 공민적 관계에 대한 내용들이 국가 공동체에서의 삶 및 국가차원의 공민적 관계를 대신해야 한다고 말할 수는 없다. 지역사회 차원와 국가적 차원은 공민적 삶의 두 가지 측면이며 상호 보완적인 관계이기 때문이다.

우리는 지역사회 차원의 공민적 관계를 중요시하고 이를 공민적 개념과 습관을 형성하는 수단으로 사용할 수 있다. 그러나 이 과정에서 지역적 차원과 국가적 차원의 관련성과 국가적 복지에 대한 개인적 책임의 중요성이 손상되지 않도록 경계해야 한다.

민주주의 사회에서 일반시민이 국가의 이해관계를 중심으로 생각하는 것은 매우 어려운 일이다. 특히 지역 또는 집단 차원의 이해관계와 충돌이 발생할 경우는 더욱 그러하다. 이와 같은 사례는 연방의회 의원들이 국가적으로는 도움이 되지만 지역의 이해관계를 침해하는 공적인 문제에 대한 투표에서 반대 입장을 취하는 경우를 통해 확인할 수 있다. 건강, 교육 그리고 산업 문제는 더 이상 지역 차원에서 고려될 수 없고 국가 차원에서 효율성을 고려하여 결정되어야 한다. 인구가 증가함에 따라, 통신 수단이 완비됨에 따라, 개인의 이해관계가 다른 사람들의 이해관계와 밀접한 관련을 가지게 됨에 따라, 마찰이나 갈등이 발생할 가능성이 높아지고 있다. 이러한 변화에 따라 학생들이 갈등 관계에 있는 집단들로부터 공통의 이해관계를 도출하고 개별 집단의 이해보다는 보다 공통적이고 일반적인 이해관계를 우선시하는 자질을 갖출 수 있도록 훈련시키는 것이 필요하다.

지역사회 공동체에 대한 관심의 증대와 달리 또 다른 새로운 경향도 나타나고 있다. 이 새로운 경향은 국제주의(internationalism)라고 하며 세계 공동체를 강조하는 입장이다. 국제주의는 그 자체로서는 매우 훌륭한 것이지만 너무 심해지면 국가차원의 연대 의식을 훼손할 우려가 있다. 국제주의는 학생들에게 길러주어야 할 자질이기는 하지만 효과적인 국제주의를 위해서는 효율적이고 자존적인 국가주의(nationalism)가 필요하다는 기본적인 사실에 바탕을 두어야 한다. 세계 공동체의 실현을 위한 첫 단계는 세계 공동체의 구성원이 되어야 하는 국가들이 건전한 이상 및 그 실천 방안을 세우는 것이기 때문이다.

너무 많이 남용되고 있다는 문제는 있지만, 본질적으로 애국심은 좋은 의미를 가진 단어이다. 남용을 피하기 위해 애국심이라는 단어를 사용하지 않는 것은 적절하지 않다. 또한 젊은 시민들에게 의식적 또는 무의식적으로 애국심이라는 단어가 원래 가지고 있던 의미를 잃어가고 있다는 느낌을 주는 것도 적절하지 않다. 애국심이라는 단어가 현실적인 의미를 가지도록, 그리고 건전한 국가적 차원의 삶을 개발하는 데 강력한 영향을 줄 수 있도록 만들어야 한다. 본 위원회는 이러한 점이 중등교육의 명확한 목표가 되어야 한다고 주장했으며 이를 달성하는 수단 중 하나가 국가의 관심사, 국가의 활동 그리고 국가 조직에 대해 공부할 때 공동체 공민의 관점이나 기본 정신 그리고 교수법 등을 활용하는 것이다. 이 방법은 8학년 또는 그 이전에 행해질 수도 있겠지만 8학년 이전에 배운 내용에 바탕을 두고 9학년 또는 그 이후에 활용된다면 학생들이 보다 완전히 그리고 효과적으로 공민교육의 목표를 달성할 수 있을 것이다.

2) 세계적 차원으로의 확장

개인은 지역사회 안에서, 지역사회는 주(state) 안에서, 주는 국가 안에서 서로 의존하며 공통적인 이해관계 및 협동을 통해 보다 넓은 차원의 공동체적 삶을 영위하고 있기 때문에, 국가들이 점점 밀접하게 상호 의존적으로 변해가고 있음은 손쉽게 보여 줄 수 있다. 세계적 차원의 공통적인 이해관계는 강조될 필요가 있으며, 세계적 차원의 박애정신 또한 함양되어야 한다. 학생들은 공동체 공민에서 개발된 원리들을 바탕으로 하여 이러한 목표들을 공부할 준비를 할 수 있다.

세계적 차원에 대한 공부는 구체적이어야 하며 시사적인 사건이나 문제들에 바탕을 두어야 한다. 사회 발전을 위해 매우 중요하기 때문에, 이러한 공부는 사회적으로 중요한 발달선상에 있기 때문에(line of development), 이러한 목표를 달성하기 위해 유용한 모든 기회들이 확보되어야 한다.

3) 직업생활에서 나타나는 공민적 관계

9학년에서는 직업생활에 나타나는 공민적 관계가 강조되어야 한다. 학생들이 미래에 가지게 될 직업과 그들이 9학년에서 공부하는 내용과는 별다른 관련이 없을 수도 있지만, 학생들이 대체로 9학년부터 장래 직업에 대한 고민을 시작한다는 것은 명백한 사실이다. 8학년 및 9학년의 중도 탈락생 대부분이 학생과 부모가 고등학교 과정의 경제적 가치를 찾지 못해서 발생하는 것이다. 직업적 또는 경제적 관심을 출발점으로 하여 고등학교의 가치를 찾을 수 있는 기회는 존재한다.

선량한 시민의 핵심적인 자질은 자활(self-support)이며 자활을 위한 활동들을 통해 시민들은 세계의 진보에 효율적으로 기여할 수 있다. 청소년들을 대상으로 한 공민교육에서 이러한 사실이 강조되는 것이 매우 중요하다. 또한 개인적 성공이라는 관점뿐만 아니라 사회적 효율성의 관점에서 직업 선택을 현명하게 할 수 있도록 청소년들을 계몽하는 것 또한 적절한 일이다.

직업 지도의 문제는 현재 논란이 되고 있다. 젊은이들이 직업생활을 위한 가이던스(guidance)가 필요하다는 것에 대해서는 일반적인 합의가 있지만 다른 측면에서는 이러한 가이던스의 본질 및 가이던스의 수단에 대해서는 서로 다른 다양한 의견들이 존재하고 있기 때문이다. 사회과 위원회에서는 교육이 직업적 요구를 고려해야 하며 청소년들이 직업을 잘 선택할 수 있도록 준비시키는 데 기여해야 한다고 믿고 있다. 9학년의 설정 취지를 생각해 볼 때, 본 사회과 위원회는 진로 지도를 청소년에 대한 보다 넓은 사회적·직업적 훈련의 일부로 보는 것에 대해서만 관심을 가지고 있다. 진로 지도를 통해 보다 현명한 직업 선택이 이루어지고 직업에 대한 지적인 준비가 이루어질 수 있다면, 진로 지도는 많은 도움이 될 것이다.

9학년에서 강조되어야 할 주된 목적은 다음과 같은 내용들을 이해하는 것이다.

> 노동의 사회적 의미, 모든 직업들의 사회적 가치와 상호 의존성, 노동의 특징 및 노동의 결과물 활용에 대한 노동자들의 사회적 책임, (직업생활 속에서) 좋은 시민성 함양을 위한 기회와 그 필요성, 정부 등에 의해 이루어지는 공동체의 경제적 활동에 대한 사회적 통제, 정부가 공동체와 개인의 경제적 삶을 규제하기 위해 실제 행하는 역할 등이라고 할 수 있다.

이와 같이 9학년에서의 공민교육은 공동체 공민을 학생들의 관심사에서 전면에 부각하는 삶의 단계에 적용한 것이다. 9학년에서의 공민교육은 이전 학년에서의 공민교육에 바탕을 두고 진행되지만 경제적 이해관계 및 이에 따른 활동들을 보다 강조하고 있다는 점에서 이전 학년의 공민교육과 차별화된다. 가족, 생명보호, 건강, 재산, 교육, 오락 등과 같이 이전 학년에서 다룬 공동체적 삶들에 대해서도 생계유지와 관련된 관점에서 새롭게 살펴볼 수 있다.

9학년의 공민교육을 표현하는 용어로 직업 공민이 제시되었다. 그러나 직업 공민이라는 용어는 적절하지 않다. 왜냐하면 생산에서의 책임뿐만 아니라 부의 사용에 있어서의 책임도 중요하기 때문이다.

공동체 공민은 아동의 실생활에서 나타나는 실제 상황 및 관계들을 다루고 있다. 이와 같은 공민교육에서 직업적 또는 경제적 단계는 예외 없이 다루어져야 한다. 학생들이 직접적인 이해관계를 가지고 있는 직업이나 산업에 대한 조사를 통해 접근하는 것도 좋은 방법이다. 예를 들어 학급에서 여러 명의 학생들이 좋아하거나, 학생의 부모님들이 종사하고 있거나, 공동체에서 중요하게 여기는 직업이나 산업들이 이에 해당된다.

지금까지의 직업 공민은 앞서 설명했던 여러 전제조건들을 충족시키지는 못했다. 그럼에도 불구하고 직업 공민 중에서는 이와 같은 방향으로 발전해 나가고 있는 몇몇 사례들이 있다. 코네티컷의 미들타운에서 수행된 Wheatley의 작업이 참고할 만한 사례이다.

직업 계몽(vocational enlightenment)은 코네티컷 미들타운 고등학교에서 1학기 과정으로 소개된 과목으로 제목은 직업 조사 또는 직업 계몽이다. 이는 다음과 같은 3부분으로 구성된다.

1. 개인과 사회의 관점에서 직업 정보의 중요성 고려하기, 좋은 직업의 특징 그리고 직업 연구의 방법
2. 80~90개의 직업 들을 농업, 상업, 철도, 공공서비스, 제조업, 기계, 교역, 엔지니어링 등으로 구분하여 상세히 다루기
3. 직업 선택을 위한 실제적인 토론, 직업을 얻기 위해 준비해야 할 일, 일자리를 지키는 법, 효율적인 노동 제공과 이에 대한 보상

각각의 직업들에 대한 연구를 행함에 있어 우리는 건강, 임금, 사회적 기여, 사회적 지위, 타고난 자질, 필요한 학력, 성공을 위한 특별한 준비에 대해 다룬다. 도시와 그 인근에서 찾아볼 수 있는 직업들을 최대한 많이 탐색한다. 학생들은 일단 가정에서 아버지의

직업과 관련된 사실들에 대해 조사한다. 지역에서 근무하는 전문직, 엔지니어, 사업가, 제조업자, 수리공, 농부 등이 다양한 직업들의 특징에 대한 비공식적이고도 개인적 차원의 정보들을 제공하기 위해 초대될 수 있다.

기계 공학자에 대한 수업에서는 다음과 같은 주제들이 토론될 수 있다.
3명의 엔지니어[37] 중에서 사회에 가장 큰 기여를 한 엔지니어는 누구인가? 공동체에 가장 필요한 엔지니어는 누구인가? 누구의 일이 가장 매력적인가? 엔지니어들에게 요구되는 타고난 자질, 보통교육, 특별훈련 등은 무엇인가? 고등학교에서 이 직업을 준비할 수 있는 과목들에는 어떤 것들이 있는가? 엔지니어가 되기 위한 기술학교에 들어가기 위한 자격은 무엇인가? (산학)협력학교(cooperative school)나 Shop Course(창업반)에서 이 직업을 준비할 경우에 있을 수 있는 장단점은 무엇인가?

Wheatley는 이 코스에 대해 다음과 같이 말했다.

학생들이 흥미를 가지는 것은 차치하더라도, 이 과목은 모든 종류의 존경받을 만한 작업들에 대해 보다 큰 존경을 주며, 아동들이 자신의 평생 직업을 보다 현명하게 선택할 수 있도록 도와준다. 또한 학생들에게 직업 세계에 들어가기 전 철저한 사전 준비가 절대적으로 필요하다는 것을 확신시켜주며, 고등학교 과정에서 도태되지 않고 끝까지 살아남아야 한다는 것 등을 깨닫게 해준다.

위원회는 Wheatley가 시도한 것과 같은 실험들을 장려한다. 그러나 이 과목이 더욱 발달하기 위해서는 사회적·공민적 의미에 대해 보

---

37) 역주: Wheatley의 수업 지도안에서는 엔지니어의 유형을 다음과 같이 8개(the civil engineer, the municipal and sanitary engineer, the mechanical engineer, the electrical engineer, the mining engineer, the metallurgical engineer, the industrial chemist, and the architectural engineer)이다. 그렇지만 기계 수리에 대한 수업에 있어서는 이들 중 the civil engineer, the municipal and sanitary engineer, the mechanical engineer를 수업 시간에 다루었다.

다 특별한 관심이 주어져야 한다. 즉, 개인적인 성공이라는 관점에서의 직업교육이 아니라 보다 근본적인 사회교육의 수단으로 직업 교육을 이해하는 것이 필요하다. 이러한 접근방식은 임금이나 보상의 관점이 아니라 특정 직업이 사회를 위해 제공하는 서비스를 중심으로 접근하는 것이다.

또한 직업은 인성 발달의 주요 수단이 되기 때문에 학생들은 직업 활동에서 최선을 다하는 것을 배워야 한다. '직업 계몽'은 있어 개인적 차원에서도 중요한 의미를 가진다.

3. 농촌 상황에 맞추어 공동체 공민 적용하기

공동체 공민은 주로 도시의 요구에 대처하여 개발되어 왔다. 이 과목을 농촌의 상황에 맞추어 적용하고자 하는 필요가 있었다. 농촌 지역 청소년들의 공동체 관계는 도시지역 청소년들의 그것과는 다르다. 어떤 의미에서 농촌 지역 청소년들의 공동체 관계는 더 단순하며, 더 모호하다. 이와 같은 단순함 때문에 체계적인 공동체 공민교육과정 개발은 어려운 일이다. 게다가 농촌 지역 교사들은 공민교육과 관련한 교육기회나 경험 그리고 자료들을 자주 접해보지 못하였다.

Berea College Normal School의 교수인 스미스(J. F. Smith)는 공동체 공민을 농촌의 상황에 맞추어 적용하는 일을 성공적으로 수행하였다. 1915년 보고서의 29쪽에 등장하는 그의 제안들을 소개한다.

> 이 수업에서는 좋은 길과 나쁜 길을 걷는 수많은 사진들이 사용되었으며 학생들과 교사들은 도로 공사를 일부라도 실제 해보았다. 공동체의 도로들의 상태에 대해 공부하고 보고서를 작성하라. 도로 지도를 그려 보아라. 진창길과 돌길, 기타 어떤 길들이 있는가? 이

들 중 어떤 길이 사람들로부터 좋은 평가를 받는가? 배수로와 다리에 주목하라. 공동체에 존재하는 도로의 길이 — 공공도로와 사유도로 — 를 측정하라.

공동체에서 도로를 만들기 위해 사용하는 재료에 대해 공부하라. 석회석이 발견되는 장소를 주목하라. 사암, 점판암(Slate), 자갈 등의 발견되는 장소를 확인하라. 이러한 재료들을 구할 수 있는가?

지역사회 공동체가 운반에 지출하고 있는 비용을 계산해보라. 짐마차꾼과 상담하여 100파운드 무게의 화물을 운반하는 요금을 알아보라. 농부가 운송료 비용까지도 부담하면서까지 생산을 할 수 있는지 확인해 보라. 매년 얼마나 많은 화물이 공동체에 들어오는지 알아보고 이에 대해 지불되는 돈이 얼마인지 계산해 보라. 짐수레들이 얼마나 오랫동안 도로를 이용할 것인가? 좋은 도로는 얼마나 오래 가는가? 10년을 계산하면 얼마나 차이가 나는가? 농부가 생산한 농산물을 구입하는 사람은 운임을 낮추기 위해 도로 수선에 얼마나 사용할 여유가 있는가?

유럽 국가들에 있는 최고의 도로들과 운반비를 비교해 보라. 추가로 부담해야 할 운반비가 얼마나 되는가? 추가 부담이 가계의 생필품 가격을 높이고 농업 생산물에 대한 이익을 줄어들게 한다는 사실에 주목하라.
- 도로 건설: 도로의 종류 결정, 도로의 위치, 도로의 등급, 도로의 등급이 운반에 미치는 영향, 배수수준(drainage level), 경사로, 측면 배수로, 지하 배수로, 보수 공사, 도로 건설의 실제, 도로 건설 장비, 도로 건설 자금 등
- 도로 유지: 사용되는 재료, 정기 점검의 필요성, 관련 도구들
- 좋은 도로는 경제적 측면에서 공동체에게는 어떤 의미를 가지는가?
- 좋은 도로는 토지의 가치를 어떻게 높여 주는가? 통신 수단. 보다 나은 사회적 삶.

지역사회 공동체의 성장과 관련지어 도로, 운하, 철도 발달의 역사를 살펴보는 것이 유용할 것이다. 철도가 운하의 발달에 어떤 영향을 주었는가? 왜 철도가 운하의 발달에 영향을 주게 되었는가? 파나마 운하가 어떻게 우리나라를 하나로 연결하였는지를 학생들에게 보여주기. 우편 소포 제도와 도시들을 연결하는 전차의 보급이 농민과 도시 거주자들의 복지에 미친 영향. 교통 발달을 위한 연방정부의 노력에 대해 광범위하게 공부하기. 연방정부의 선박구입법

안과 연방정부의 철도 소유 그리고 도시 철도 등이 토론의 소재가 될 수 있다.

농촌 지역의 시민들은 도시의 시민들보다 주나 연방정부와 상대적으로 빈번한 관계를 맺고 있다. 도시 지역 주민들은 주 또는 연방정부보다는 지자체(municipality)에 의해 직접 규제받기 때문이다. 예를 들어 '사유 재산 보호(protection of property)'라는 주제에 대한 델라웨어 농촌 지역의 수업에서 다음과 같은 토론들이 소개되고 있다.

> 미국 농무부가 최근 발간한 이 지역의 해충 피해 관련 보고서에서는 지난 한 해 $795,100,000의 손실이 해충에 의해 발생했다고 추정하고 있다. 해충과 새 그리고 동물들은 당신이 살아가고 있는 지역사회 공동체에서 사유재산에 피해를 주고 있는가? 당신의 주(州)와 지역사회에 있는 식물과 동물들에게는 어떤 질병들이 존재하는가? (대학의 보고서나 출판물을 이용하라. 아동들에게 아버지가 관련 출판물들을 받았는지 물어 보라.) 이와 같은 해충들로 인한 피해로부터 사유재산을 지키기 위해 노력하는 주 정부의 담당 부서나 담당 공무원들이 있는가? 알려진 원인들에 의해 발생하는 재산 피해를 막기 위한 연방 농무부의 활동에 대해 조사하고 보고서를 작성해 보라. 왜 연방정부는 당신의 공동체에서 일어나는 이와 같은 문제에 대해 관심을 가져야 하는가?(이 주제에 대한 보고서들은 농무부에서 직접 얻을 수 있다. 또한 지역 도서관에서도 찾을 수 있다) 해충을 잡아먹는 새들의 가치를 이해하고 이들을 보호하기 위해 활동하라.

화재로부터의 보호, 즉 화재 예방이나 화재 진압과 관련하여 다음과 같은 내용들이 다루어질 수 있다.

> 화재 진압에 있어 농부 자신의 노력 및 이웃과의 협력이 중요함을 보여 줄 것. 도시의 정교화된 화재 진압 설비 및 제도와 농촌 지역

의 설비 및 제도를 비교해 볼 것. 왜 도시와 농촌 간에는 이와 같은 차이가 나는가? 농촌 공동체에서 화재 예방이 가지는 중요성을 지적할 것. 마을이나 작은 촌에서 사는 경우, 화재 예방을 위한 시설 및 제도들을 나열해 보기 - 경보 방법, 용수 공급, 물동이 나르기, 의용소방대, 기타 등등. 농장의 상황과 대도시의 상황을 비교해 보기. 아동들에게 부모의 재산이 보험에 들어 있는지 물어 보기. 어떤 회사에 보험이 들어 있는지? 이 회사들의 본점은 어디에 있는가?(아마도 멀리 떨어진 도시나 주일 것임) 보험의 방법에 대해 토론해 보기, 보험료 납부를 통한 광범위한 협력 보여 주기, 지역사회 공동체에 농민공제조합(the grange)이 있는가? 농민공제조합에서 보험의 수단을 제공하는가? 만약 그렇다면 농민 공제조합에서 제공하는 보험에 대해 기술할 것.

폭풍이나 홍수, 서리 등으로 인한 피해에 대해서도 다음과 같은 내용들을 중심으로 수업이 진행될 수 있다.

이와 같은 원인들로 인한 피해에 대해 보험 가입하는 것이 가능한가? 부모님들이 이와 관련된 보험에 가입하였는가? 중앙 정부에 일기예보 활동이 사유재산 보호와 어떤 관계를 가지고 있는가? 당신의 아버지는 일기예보를 우편으로 받고 있는가? 그렇지 않다면 기상 관련 보고서들을 어디에서 찾을 수 있는가? 기상청의 업무에 대해 찾아보고 보고서를 작성해 보자(정보는 기상청에서 직접 얻을 수도 있다).

농촌 지역 학교에서도 도시의 상황을 어느 정도 다루어야 한다. 그러나 주의해야 할 점은 농촌 학생들의 공부를 위해 선택된 자료들도 가능한 한 농촌 아동의 경험과 관련을 가진 것이어야 한다는 것이다. 예를 들어 윌밍턴(Wilmington) 시에 근접해 있는 한 농촌 학교에서는 다음과 같이 윌밍턴 시의 보건 담당 부서에서 작성한 보고서가 수업 중 토론을 위한 기초자료로 제공되었다.

1914년 동안 142건의 장티푸스가 발생하여 122명이 사망하였다. 올해의 보고서는 작년보다 76건이 증가하였음을 보여 준다. 이러한 증가는 뉴캐슬 카운티에서 장티푸스가 널리 퍼졌기 때문이며, 우리 지역에 공급되는 우유와 채소들이 이 지역에서 생산된 것이기 때문에 우리 지역에 장티푸스가 널리 퍼지지 않은 것을 다행으로 생각한다.

또한 윌밍턴 시 보건국의 보고서에 따르면 도시 폐기물을 쓰레기나 잡동사니, 공장 폐기물 등과 같이 분류하고 관리하기 위한 설비 및 제도들이 마련되었다.

이러한 윌밍턴 시 보건국의 설비 및 제도들을 당신이 살고 있는 작은 공동체의 필요나 조건들과 비교해 보라. 다른 도시의 설비 및 제도들을 살펴보고 당신 마을의 설비 및 제도와 비교해 보라. 당신 집에서 나오는 쓰레기는 어떻게 처리되고 있는가? 공공시설에서 처리하는가 아니면 개별 가정에서 처리하는가? 사람들의 입장에서 협동의 필요성에 주목하라. 쓰레기가 건강을 지키고 당신 가족과 이웃들을 귀찮게 하지 않는 방식으로 처리되었는가? 쓰레기 및 다른 폐기물들이 작은 공동체 차원에서 분리되어야 하는가? 쓰레기 문제를 규제하는 법률이 당신 마을에는 있는가? 당신의 집에서 쓰레기를 관리하는 방법을 개선할 수 있는 수단으로 어떤 것을 생각하고 있는가?

4. 공민교육과 역사의 관계

이 부분의 목적은 역사 공부에 있어서 8학년과 9학년에 수행된 공민교육이 특별한 가치를 가지고 있음을 강조하는 것이다.

역사는 대부분 고등학교 1학년 과정에서 가르쳐졌지만 과거의 시민정부론(civil government)이 문제가 되었던 것처럼 고1 수준에 적절한 교과목은 아니다. 본 위원회에서는 역사보다 공민을 더 일찍 가르쳐야 한다고 주장한다. 아동들은 과거가 아닌 현재를 살아가며, 과거는 현재와 관련을 맺을 때 아동들에게 교육적 의미를 가진다. 영웅담이나 개척자들의 이야기는 저학년에서는 의미가 있다. 왜냐하면 아동들이 이야기들에 반응을 보이기 때문이다. 정부의 역사, 교육의 역사, 상업의 역사, 산업의 역사, 민주주의의 역사 등에 대한 개인들의 관심은 정부, 교육, 산업, 민주주의에 대해 가지고 있는 개인적인 관심에 비례하여 나타난다. 공동체 공민은 멀리 떨어진 시기가 아닌 현 시기 공동체에서의 관계에 대한 이해를 위해 노력한다.

한편, 문물의 역사에 대해 가르치는 것을 통해 문물에 대한 아동들의 관심을 증대시킬 수 있다. 철도는 식민지 시절의 교통수단 또는 로마시대의 도로들과 비교될 때 새로운 의미를 가질 수 있다. 공동체 공민에서는 역사의식 발달과 역사에 대한 지적 욕망을 창출하기 위해 역사적 자료들을 수업에서 실제로 사용할 수 있는 기회를 제공하고 있다. 교육에 있어 아동에게 역사 관련 내용을 제공할 수 있는 최고의 순간은 바로 즉시 사용 가능할 때이다. 전통적인 역사 교육과정에서는 아동들에게 어른들이 생각하기에는 미래의 언젠가 유용하게 사용할 수 있을 것 같은 지식들 또는 '일반적인 교양(general culture)'이라는 모호한 목적을 위해 요구되는 지식들을 시대순으로 나열하여 제시하였다. 그러나 공동체 공민은 역사가 현재의 관심사를 밝혀 주는 데 사용될 수 있는 기회를 제공하였다.

지역사는 공동체 공민과 연계될 때 최고로 빛날 수 있을 것이다. 공동체 공민에서는 지역사회의 발달 과정에 대해 살펴보지 않는 주제는 거의 없다. 역사의 의미에 대한 이해를 증진시키며 현재에 대한 역사적 관점을 제공하기 때문에 지역사는 다른 어떤 역사보다도 유

용하다. 따라서 공동체 공민에 있어 가장 효과적인 교과 과정은 지역
사를 많이 활용하는 것이다. 예를 들어 1910년 필라델피아에서 환경
정화(청소)와 관련된 활동들은 다음과 같이 이루어졌다.

> 조사에 따르면 (필라델피아는) 대략 $35,000,000를 들여 1,200마일
> 의 하수도를 건설했으며, 1909년에는 용역계약을 통해 거리를 청소
> 하고 재를 치우는 데 $1,199,000를 사용했다. 그리고 쓰레기를 치우
> 는 데 $488,988를 사용했다.

이와 같이 복잡하고 비용이 많이 드는 정부 조직이 등장하게 된 배
경에 대한 명확한 설명은 벤저민 프랭클린의 자서전에 실려 있다. 필
라델피아의 초기 시민이었던 벤저민 프랭클린에 따르면 이와 같은
정부 조직은 시민들이 협동해 가는 과정에서 발생한 것이다.

> 어느 날 나는 가난하지만 근면한 사람을 알게 되었다. 그는 이웃
> 집 앞의 보도에 있는 먼지들을 1주일에 2번 정도 쓸어주면서 한 달
> 에 6펜스씩을 받고자 하는 생각을 가지고 있었다. 나는 이후 신문
> 에서 이와 같은 작은 비용을 통해 얻을 수 있는 편리함에 대해 썼
> 다. 나는 이 신문들을 여러 집들에 보낸 후 하루 이틀 뒤에 반응을
> 보러 갔다. 이 제안은 만장일치로 받아들여졌으며 이후 잘 시행되
> 었다. 이 사례는 보도를 가지고 있던 거리에 살고 있는 사람들에게
> 알려졌으며, 이들로 하여금 보도를 깨끗하게 관리하기 위한 세금을
> 기꺼이 내도록 만들었다.

지역사뿐만 아니라 일반 역사(general history) 또한 공동체 공민에서
유용하게 사용될 수 있다. 아래의 주제들은 참고용으로 제시한 것이다.
먼저 보건이라는 주제하에 다음과 같은 일반적인 역사적 내용들을
활용하여 공동체 공민 수업을 진행할 수 있다.

- 원시인, 고대인, 중세시대의 질병의 개념
- 연금술과 의약 지식의 발달
- 위생의 발달: 중세시대 도시의 위생 상황
- 육체 발달에 대한 그리스 시대의 이상: 김나지움과 신체를 완전하게 하기 위한 다른 수단
- 중요한 발견: 피의 순환, 외과와 마취, 미생물학과 예방접종

교육과 관련된 주제에 있어서는 다음과 같은 역사적 내용들이 공동체 공민 수업에서 유용하게 활용될 수 있다.

- 청소년에 대한 교육에 있어 야만인과 고대인들 간의 공통점은 무엇인가?
- 각 시대에 있어 모든 청소년들이 교육을 받는가 아니면 특정한 계층만 교육받았는가?
- 호주나 미국의 원주민 그리고 고대 스파르타인들이 생활의 필요에 맞추어 어떤 방식으로 교육을 했는가?
- 어떤 종류의 학교가 있었는가? 누가 교사였는가?
- 중세 교육에서 교회의 역할
- 유럽과 미국에서의 대학의 설립
- 유럽과 미국에서 공교육의 성장
- 어떻게 도제 제도의 붕괴가 공립학교에서의 실업교육의 필요성을 이끌어 내었는가?

레크리에이션이라는 주제하에서는 다음과 같은 역사적 내용들이 공동체 공민 수업에서 유용하게 활용될 수 있다.

- 원시 사회의 관습: 춤과 음악
- 그리스와 로마의 public game
- 고대의 드라마와 극장
- 중세의 오락 수단
- 음유시인과 서정시인[38]

- 레크리에이션에 대한 청소도의 태도
- 나라들 간의 레크리에이션 양식의 비교
- 야외극[39])에 대한 묘사와 야외극의 목적

물류와 교역이라는 주제와 관련된 역사적 내용들에는 다음과 같은 것들이 있다.

- 교역과 물류의 초기 방법: 물물교환, 시장, 대상(caravans), 범선 등
- 탐험과 발견의 시대
- 초기의 무역로와 도로 건설
- 운하와 철도 건설의 시기
- 증기기관을 이용한 육로와 해로 여행
- 물류 및 통신과 관련된 발견과 발명

자선과 관련된 다음과 같은 역사적 내용들이 공동체 공민에서 활용될 수 있다.

- 고대 유태교와 이슬람교에서의 과부, 고아, 그리고 빈자에 대한 규정
- 고대 로마의 빵 (무료) 배급과 그 영향
- 동유럽 국가 및 중세 유럽과 잉글랜드에서 거지 및 병든 빈민 (pauper)[40])에 대한 처우
- 가난한 사람들에 대한 교회의 태도
- 찰스 디킨즈의 구빈원(poorhouse)에 대한 기술
- 50년 전 미국의 구빈원의 상황

---

38) 역주: 11～13세기의 남부 프랑스·북부 이탈리아 등지에서 활약하던 서정(抒情) 시인

39) 역주: 역사적 장면을 표현하는 야외극, 구경거리, 패전트

40) 역주: 구빈법(救貧法)의 적용을 받는 극빈자, 피구호민

참고문헌

고영복(1994). 『사회학설사』. 서울: 사회문화연구소 출판부.

김정욱(1998). 『미국 혁신주의운동에 관한 연구: 전통적 자유주의 운동으로서의 성격을 중심으로』. 고대사학회.

송선희(1996). "Dewey의 사회개조론과 교육". 계명대학교 박사학위 논문.

이주영(1980). "미국 혁신주의 운동에 대한 해석에 있어서 신좌파적 해석의 위치". 『서양사론』, Vol. 21.

이주영(1990). "혁신주의운동과 보수 진보논쟁". 『이화사학연구』, 19집.

이주한(2000). 『존 듀이의 사회개혁론』. 서울: 문음사.

주낙원(1990). 『사회학의 역사』. 서울: 교육과학사.

홍백룡(1968). "미국 혁신주의 성격고". 『사총』, 12집.

Brinkley(1998). 황혜성 역. 『미국인의 역사』. 서울: 비봉출판사.

Hertzberg, H.(1981). Social Studies Reform 1880-1980. Boulder, Colo.: Social Science Education Consortium, INC. ED 211 429.

Hofstadter, R.(1955). *Social Darwinism in American thought*. Boston: Beacon Press.

Karier, C. 저, 신용국 역(1990). 『인간, 사회 그리고 교육』. 서울: 교학연구사.

Lybarger, M.(1975). Origins and Rationale of the Early Social Studies Curriculum: 1900-1916. ED121646.

Lybarger, M.(1981). Origins of the Social Studies Curriculum, 1865-1916. Unpublished Doctoral Dissertation, University of Wisconsin.

Nelson, M.(1994). The Social Studies in Secondary Education: A Reprint of the Seminal 1916 Report with Annotations and Commentaries. ED315329.

Reuben, J.(1997). "Beyond Politics: Community Civics and the Redefinition of Citizenship in the Progressive Era". History of Education Quarterly, Vol.37(4).

Ruth, N.(2000). Arthur Dunn: Civic Visionary from the Heartland. ED448090.

Samuel Morison, Henry Commager(1950). The growth of the American Republic. New York: Oxford University Press

Timasheff(1985). 박재묵 · 이정옥 역. 『사회학사: 사회학이론의 성격과 발전』. 서울: 풀빛.

차조일

서울대학교 사범대학 사회교육과 졸업
서울대학교 대학원 교육학 박사
구로고등학교 교사

『사회과 교육과 합리성』
『신패러다임 통일교육 구현 방안』
「사회과 통합교육과정 모형에 대한 연구」
「사회과 개념수업모형의 이론적 문제점과 해결방안」
「한국 초기 사회과의 교과서 제도 분석」
외 다수

사회과 교육과
공민교육

초 판 인 쇄 | 2012년 5월 30일
초 판 발 행 | 2012년 5월 30일

지 은 이 | 차조일
펴 낸 이 | 채종준
펴 낸 곳 | 한국학술정보㈜
주　　소 | 경기도 파주시 문발동 파주출판문화정보산업단지 513-5
전　　화 | 031) 908-3181(대표)
팩　　스 | 031) 908-3189
홈 페 이 지 | http://ebook.kstudy.com
E-mail | 출판사업부 publish@kstudy.com
등　　록 | 제일산-115호(2000. 6. 19)

ISBN　　978-89-268-3470-1 93330 (Paper Book)
　　　　978-89-268-3471-8 98330 (e-Book)